中国青少年技巧教学训练大纲及教法指导书

国家体育总局体操运动管理中心
中国蹦床与技巧协会 编

北京体育大学出版社

策划编辑：曾　莉

责任编辑：曾　莉　王泓滢

责任校对：张志富

版式设计：李　鹤

图书在版编目（CIP）数据

中国青少年技巧教学训练大纲及教法指导书 / 国家
体育总局体操运动管理中心，中国蹦床与技巧协会编. --
北京：北京体育大学出版社，2024.4
ISBN 978-7-5644-4072-5

Ⅰ.①中… Ⅱ.①国… ②中… Ⅲ.①青少年－技巧
运动－运动训练－教学研究 Ⅳ.①G833

中国国家版本馆CIP数据核字(2024)第075144号

中国青少年技巧教学训练大纲及教法指导书　　　　　　　国家体育总局体操运动管理中心 编
ZHONGGUO QINGSHAONIAN JIQIAO JIAOXUE XUNLIAN DAGANG JI JIAOFA ZHIDAOSHU　中国蹦床与技巧协会

出版发行：北京体育大学出版社
地　　址：北京市海淀区农大南路1号院2号楼2层办公B-212
邮　　编：100084
网　　址：http：//cbs.bsu.edu.cn
发 行 部：010-62989320
邮 购 部：北京体育大学出版社读者服务部 010-62989432
印　　刷：北京昌联印刷有限公司
开　　本：710mm×1000mm　　1/16
成品尺寸：170mm×240mm
印　　张：13.5
字　　数：264千字
版　　次：2024年4月第1版
印　　次：2024年4月第1次印刷
定　　价：48.00元

《中国青少年技巧教学训练大纲及教法指导书》

编委会

前言

　　技巧运动是一个竞技体育项目，既包含在国际体操联合会所属的6个竞赛项目之中，同时也是我国正式开展的体育项目之一。截至2019年年底，我国技巧健儿在国际重大技巧比赛（世界技巧锦标赛、世界杯技巧赛、世界运动会技巧比赛）中共获得了366枚奖牌（金牌142枚、银牌121枚、铜牌103枚），为我国竞技体育事业的发展做出了突出贡献。技巧运动也是一个全民健身项目，适合于不同年龄、性别、民族的人群自主选择。技巧运动更是一个育人项目，并通过舞蹈训练达成美育；通过个人能力训练，提升柔韧、灵敏、协调、力量等身体素质以及自我控制能力，特别是通过双人和多人的配合性训练，培养良好的合作精神。

　　《全国技巧教学训练大纲》创编于20世纪90年代之初，是我国第一部技巧教学训练大纲，并为中国技巧项目在90年代屹立于世界技巧"三强之首"发挥了重要作用。随着我国技巧项目竞赛改革的不断深入，技巧运动在全国的普及与推广工作成效显著：参与技巧项目训练和竞赛的地域进一步扩大，参赛人数持续攀升。基于此，新形势呼唤创编出《中国青少年技巧教学训练大纲》（以下简称《大纲》）。

　　《大纲》是在国家体育总局体操运动管理中心指导下，由《中国青少年技巧教学训练大纲》创编工作组在充分调研的基础上，以破解现阶段我国技巧运动发展所面临的"不平衡"与"不充分"两大主要矛盾为前提，面向所有乐于参加技巧运动训练和竞赛的青少年儿童以及指导者而创编的我国技巧教学训练纲领性指导文件。

　　《大纲》是我国各级部门、协会、相关单位管理、运行、推广技巧运动的纲领性指导文件，是各级各类学校、业余体校、体育俱乐部、专业健身培训机构等社会组织进行青少年儿童技巧教学、训练和比赛的依据，对大力促进我国青少年儿童技巧活动的广泛开展，稳步推进优秀后备人才培养体系建设，努力造就一大批优秀技巧后备人才具有重要的宏观指导意义。

《大纲》创编完成后，在全国范围内进行试行的同时，有关部门组织相关专家编制了《中国青少年技巧教学训练大纲教法指导书》（以下简称《教法指导书》），以便为《大纲》使用者提供科学有效的指导。《中国青少年技巧教学训练大纲及教法指导书》是编委会在实践基础上，对《大纲》和《教法指导书》的整合，并对其中内容进行了优化和升级。

在创编《大纲》和《教法指导书》的过程中，创编工作组参阅了相关的文献资料；有关学校和俱乐部的师生们通过实际测试为创编工作组确定相关内容与标准提供了有益的参考依据。在此一并表示由衷的感谢！

编者
2023年5月

目录

第一部分

中国青少年
技巧教学训练大纲

一、总则

（一）指导思想

以科学发展观为统领，以着力推进技巧项目全面发展为目标，以"扩大人口、激励参赛，夯实基础、着眼长远，选好苗子、系统培养"为立足点，以技巧项目人人都可练、人人都爱练、人人都能练、人人都能练到自己的"极限"为理念，遵循青少年儿童身心发展规律和技巧项目运动技能形成规律；积极营造有利于各级各类学校和俱乐部参与青少年儿童技巧活动的氛围和环境，促进青少年儿童技巧活动的广泛开展，帮助青少年儿童在技巧锻炼中"享受乐趣、增强体质、健全人格、锤炼意志"；大力创新技巧后备人才培养方式，稳步推进优秀技巧后备人才培养体系建设，努力造就一大批优秀技巧后备人才；拓展和提高技巧后备人才培养的规模及效益，增强技巧项目可持续发展能力，为增强国际竞争力、推进健康中国建设做出积极贡献。

（二）目标

育人为本，塑才为基；激发潜质，精心育苗；夯实基础，全面发展；多出人才，为国争光。

（三）技巧教练员职业道德规范

1.师德规范

以德立身、以德立学、以德施教、以德育德；坚持教学与育人相统一、言传与身教相统一；有理想信念、有道德情操、有扎实学识、有仁爱之心。

2.教学规范

热爱学生、尊重学生；态度和蔼，耐心体贴；深谙技巧特征，熟知教材教法；坚持正面教育，不歧视、不挖苦、不体罚或变相体罚学生，致力于营造一个健康、尊重和安全的技巧教学训练环境。

3.竞赛规范

熟悉并严守技术规程、反兴奋剂条例、宣传条例、纪律与道德规范和评分规则；尊重所有运动员、教练员、裁判员、官员和观众，举止文明礼貌，遵守人权法、儿童保护法和体育道德规范。

（四）现代技巧运动特征

（1）技巧运动是一项集体操、舞蹈、音乐为一体的体育项目。其项目的本质特征集中体现在运动员将个人天赋及能力巧妙而独特地融入同伴间的接触性技术配合。

（2）技巧运动是由翻腾、抛接、平衡、舞蹈等动力性、静力性动作组成的。竞赛项目主要包括女子双人、男子双人、男女混合双人、女子三人和男子四人等五个国际性竞赛项目，以及男女混合三人、男女混合四人、大集体等国内特设竞赛项目。

（3）技巧运动内容丰富，形式多样，运动员可以根据不同年龄、性别、身体条件、训练水平等，选择不同的项目和内容进行练习，技巧运动对增强自我保护，发展灵敏、柔韧、力量等身体素质和前庭器官，以及提升空间感觉等都具有积极意义。

（4）技巧运动因其具有极强的艺术欣赏性，更适合表演。2016年里约奥运会期间，应国际奥委会和国际体操联合会的共同邀请，我国技巧男子四人组在里约奥运会体操比赛馆的两场表演完美展现了技巧运动的魅力。时任国际体操联合会主席布鲁诺·格兰迪先生称赞这次表演是里约奥运会体操秀最精彩的节目，没有之一！

（五）国内外技巧运动发展简况与趋势

现代技巧运动起源于欧洲。1973年，国际技巧联合会（IFSA）创立。1974年，在苏联的莫斯科举行了第一届世界技巧锦标赛。1975年，在瑞士举行了第一届世界杯技巧赛。1984年，在瑞士洛桑召开的国际奥委会第91次代表大会上，技巧运动被列为国际奥委会承认项目。1999年起，技巧与竞技体操、艺术体操、蹦床、健美操和大众体操一起归属于国际体操联合会（FIG），从而开启了世界技巧运动发展的新征程。

技巧运动在我国有着悠久的历史，早在3000多年前，华夏大地就出现了技巧造型，这些造型文化底蕴深厚、艺术魅力独特。我国的技巧运动在现代世界技巧发展史上占有重要的地位，为技巧运动的普及与运动技术水平的提高做出了重要的贡献。中华人民共和国的技巧运动自1956年开展以来已走过了60多年的发展历程，截至2019年年底，中国技巧运动员在世界技巧大赛中已获得了366枚奖牌（金牌142枚、银牌121枚、铜牌103枚），率先设计出100多个高难、新颖动作；中国技巧运动员独具艺术魅力的表现和高超的竞技水平赢得了世界各国人民的欢迎和喜爱。

二、青少年儿童技巧教学训练相关理论基础

（一）青少年儿童身心发展特征

青少年儿童身心发展特征见表1。

表1　青少年儿童身心发展特征

主要内容		主要特征
解剖生理特征	身高和体重	随着年龄的增长而增长，但生长发育的速度不均衡。生长发育顺序：一般先下肢，后上肢，然后才是躯干
	骨骼系统	软骨组织较多，水分和有机质多，无机质少。因此，骨骼富有弹性，不易骨折，但硬度低，坚固性差，容易变形。关节软骨较厚，关节囊、韧带的伸展性大，所以活动范围大，但牢固性差
	肌肉系统	肌肉含水分较多，蛋白质和无机质较少，富于弹性，但肌肉力量较弱。大肌肉、上肢肌、屈肌发展较早，小肌肉、下肢肌、伸肌发展较晚
	神经系统	神经系统是最早发育完善的系统。因此，与此紧密相关的视觉器官、听觉器官、本体感觉器官和协调、灵敏、平衡等能力，都能在青少年儿童时期得到充分发展。注意力不能长时间地集中，易受外界环境的干扰。第一信号系统的活动占主导地位，主要靠直观的形象思维建立条件反射，以后第二信号系统逐渐发展，抽象思维能力提高
	内脏器官	人体内脏器官的发育还未完善。心跳频率比较快，心肌就比较容易疲劳。呼吸频率比成年人快，呼吸系统也容易疲劳
心理特征	心理过程	对外界事物的认识主要是感性认识，即通过人的感觉器官，如眼、耳、本体感觉来进行感知。因此，他们的思维过程主要是形象思维，善于模仿。根据有无目的和意志努力的程度，可以把注意分为无意注意、有意注意、有意后注意。此时期注意力大多为无意注意（无意注意也称不随意注意，是没有预定目的、无须意志努力、不由自主地对一定事物所发生的注意）。与此同时，有意注意开始发展，但是不能坚持，注意带有情绪的色彩，且不易集中。青少年儿童的情绪易波动，还不会像成年人那样控制自己的情绪，喜、怒、哀、乐都会从面部表情上表现出来，并直接影响训练
	个性特点	往往好胜心强，好模仿，兴趣广泛而多样，情绪和情感容易波动，不肯轻易服输，但独立性、主动性、坚持性较差，缺乏自制力，往往依靠外界影响来坚持完成一些工作

（二）青少年儿童技巧教学训练原则

1.快乐健康原则

快乐原则是指教有教乐，学有学乐，善教善学，其乐融融；健康原则是指要准确把握住技巧教学训练的程序性（诊断、计划、实施、评价与反馈）、阶段性（身心发展规律、动作技能形成规律等）、针对性（人各有异，难求同归）、可行性（教可行，行有效）等。

2.安全首位原则

安全首位原则是指在技巧教学训练过程中，始终要把安全放在心上，落实在实践中。换句话说，教练员要做到熟知教材的难点与关键，熟知学生的天赋与弱点，熟知教法的把握与运用，熟知课堂的环境与氛围，把安全措施与要求落实到人才培养的全过程之中。

3.全面发展原则

全面发展原则是指要将育人、增智、强体、健心有机融合在技巧教学训练的全过程之中。换句话说，就是青少年儿童要通过技巧教学训练，学会做人，同时教练员要善于抓住其发展敏感期，实施全方位针对性教育。

4.普及提高原则

普及原则是指以技巧项目人人都可练、人人都爱练、人人都能练、人人都能练到自己的"极限"为理念，让技巧练习者通过参与技巧训练从中"享受乐趣、增强体质、健全人格、锤炼意志"。

提高原则是指既要充分激发、调动和挖掘青少年儿童的技巧训练潜质，又要促进其运动技术达到自己的理想水平。简言之，就是青少年儿童要通过技巧训练，达到人尽其才，才尽其用，最终实现梦想。

5.因材施教原则

人与人之间的个体差异（年龄、性别、体质状况、个性特征、需求等）是客观存在的，所以在技巧教学训练过程中，教练员必须清晰地了解每一个人的实际情况，并做出扬长避短的教学训练设计，开展有助于促进个人持续发展的教学训练实践活动。

6.融入教育原则

融入教育原则是指技巧教学训练要积极适应我国各级各类学校教育和社会化教育需求，主动推进技巧项目融入学校教育和社会机构教育。

（三）技巧项目安全概述

1.技巧项目安全宣言

每一个技巧活动参与者都必须自觉遵守国际奥委会《运动员权利和责任宣言》（*IOC Athletes' Rights and Responsibilities Declaration*），以及国际体操联合会《道德规范》（*FIG Code of Ethics 2019*）和《行为准则》（*FIG Code of Conduct*）等相关规定。尊重青少年儿童技巧活动参与者的人权和尊严；任何侵犯青少年儿童身体或智力完整性的行为都是不能容忍的；严禁使用任何兴奋剂，努力为青少年儿童提供健康安全的技巧教学、培训和竞赛方案。

2.技巧项目教学训练安全措施

（1）保护与帮助的意义。

技巧动作的显著特点就在于它的人为设计性。也就是说，这些动作是人们根据技巧各个项目的特点和运动生物力学规律而创造出来的。因此，动作的形式和所需要的运动能力是人们在日常生活中不常遇到的，同时完成这些动作时的身体状态和时空条件又比较复杂。所以，保护与帮助是技巧运动的特点之一，是技巧教学训练中特有的手段，是预防运动损伤必要的安全措施。保护与帮助作为技巧教学训练中特有的手段，不仅能消除练习者的心理障碍，增强其学习信心，同时有助于加快学习进程，使练习者尽快建立动作概念，掌握动作技术，提高动作质量。保护与帮助，对于培养练习者相互关心、团结友爱的集体主义精神都有十分重要的作用。

因此，作为一名技巧教练员必须掌握这一基本技能。

（2）保护与帮助的种类及其常用的方法。

保护与帮助的种类及其常用的方法见表2。

表2　保护与帮助的种类及其常用的方法

	种类	常用方法
保护	他人保护	运用接、抱、挡、拦等手法，使练习者的运动速度减缓或停止，以避免直接撞击器械或地面
	自我保护	利用惯性顺势做屈臂、团身、滚动、滚翻、下蹲等动作，或改变身体姿势、动作性质等方法，及时、果断地运用自我保护的方法以摆脱危险
	利用器械的保护	在练习者完成动作过程中，通过合理利用海绵坑（或沙坑、稻草坑）、不同规格的垫子、各种护具（如护掌、护肘等）等器械设备，以增强练习者完成动作的信心，维护其健康

续表

种类		常用方法
帮助	直接帮助	主要包括托、拨、提拉、握、搓、顶、挡、扶等手法，引导练习者按照正确的技术要领体验动作的空间感觉与结构特点，加速动作的掌握、改进与技术提高
	间接帮助	借助信号、标志物和限制物等手段，引导练习者尽快掌握动作方向、用力时机与节奏的方法
	利用器械的帮助	借助各种形式和高度的保护凳、保护腰带等器械，以达到帮助练习者更快地建立正确的空间概念、消除心理障碍的目的

（3）运用保护与帮助应注意的问题。

站位要合理、部位要准确、手法要正确、时机要恰当、助力要适度、重点要突出。

（4）对保护与帮助者的要求。

要有高度的责任感、要钻研动作技术、要了解练习者的特点、要重视培养教学骨干。

（5）预防损伤的注意事项。

身体准备要充分，适时训练须牢记；

课前检查要仔细，场地设备须到位；

训练时间要合理，过度训练不可取；

服装穿戴要适宜，坚硬饰物须离身；

学习动作要保护，安全第一勿忘记。

三、技巧项目身体素质训练及评价标准

（一）技巧项目身体素质训练概述

技巧项目身体素质训练内容包括一般素质训练和专项素质训练。一般素质训练包括运动素质训练、身体机能训练和专项所需的身体形态训练等，具体包括力量、速度、耐力、柔韧和灵敏等素质的训练。

1.力量素质训练

力量素质是完成一切日常生活活动、体力劳动和体育活动的基础。青少年儿童时期，由于身体发育，力量素质提升的幅度变化不明显。这个时期运动员骨骼生长较快，骨胶原水分较多，骨强度不高，肌纤维长且细，不宜进行最大负荷的力量训练。训练中应注意掌握青少年儿童时期力量发展的趋势，科学地安排力量训练，不可进行大强度训练，应以动力练习为主，要发展全身的力量，不宜强调过早与专项运动技术相结合。

2.速度素质训练

速度素质是指人体快速运动的能力，包括人体快速完成动作的能力和对外界信号刺激快速反应的能力，以及快速位移的能力。速度素质包括反应速度、动作速度和移动速度。青少年儿童时期是速度素质发展的敏感期，要重视发展速度素质。反应速度和动作速度是发展的重点，可以在技巧训练中加大比重。发展移动速度以短距离的跑、跳为主要训练内容。

3.耐力素质训练

耐力素质是指有机体坚持长时间运动的能力。按人体的生理系统分类，耐力素质可分为肌肉耐力和心血管耐力。青少年儿童时期不宜进行过多的耐力训练。青少年儿童技巧运动员的耐力素质不应作为发展重点，安排练习时必须以有氧耐力训练为主，多种训练手段交替使用，可选取单个动作或成套动作为内容实施持续训练。

4.柔韧素质训练

柔韧素质是指人体关节在不同方向上的运动能力以及肌肉、韧带等软组织的伸展能力，可以分为一般柔韧素质和专门柔韧素质。青少年儿童时期是柔韧素质发展的敏感期，要加强柔韧素质的训练。训练过程中应该循序渐进，采用小强度、高频次、较长时间的自压和合理的外力加压，配合以踢腿、控腿和增加肌肉、韧带弹性的训练方法。此外，协调安排柔韧素质和力量素质的训练，可以使运动员的肌肉软而不弱，刚而不僵。

5.灵敏素质训练

灵敏素质是指在各种突然变化的条件下，运动员能够迅速、准确、协调地改变身体的空间位置和运动方向，以适应变化的外环境的能力。灵敏素质可分为一般灵敏素质和专门灵敏素质两类。青少年儿童时期是灵敏素质发展的敏感期，技巧训练中要注重安排一定比例的灵敏素质训练。

6. 协调素质训练

协调素质是指运动员机体不同系统、不同部位、不同器官协同配合完成技术动作的能力，协调能力是形成运动技术的重要基础。运动协调能力是综合的神经机能能力，表现形式是运动协调。人体运动协调能力由反应能力、空间定向能力、本体感觉能力、节奏能力、平衡能力、动作认知能力等多种要素构成。

（二）技巧项目基本功训练的内容、做法要求及评价标准

技巧项目基本功训练的项目有柔韧、倒立、并腿及灵巧。训练的内容、做法要求及评价标准见表3。

表3 基本功训练的内容、做法要求及评价标准

项目	内容	做法要求	评价标准		
			优秀	良好	合格
柔韧	体前屈（前髋）	并腿坐于地面，双手抱脚踝，双肘紧贴小腿外侧，胸腹自然紧贴大腿；分腿坐于地面，双脚分别置于30～40厘米高的垫子上，双手前伸，抬头，胸腹自然贴地面	胸腹放松紧贴大腿	胸腹稍用力紧贴大腿	胸腹离膝5厘米以内
	横劈叉	坐地，双腿左右分开成180°，双手置于体前，胸腹贴地面，保持5秒	胸腹放松贴地面	胸腹稍用力紧贴地面	胸腹离膝5厘米以内
	纵劈叉（左、右）	双腿前后分开成直线紧贴地面，上体正对前方，双臂侧举	身正，腿直，完全触地	身正，腿直，基本触地	胯离地5厘米以内
	转肩	双臂伸直由前向后转肩	双手握棍（绳）或拇指相扣，做前后转肩	双手相距5～10厘米	双手相距10厘米以上
	踝关节	并腿直角坐，勾脚和绷脚面	勾脚＜90°、绷脚＞180°（踝关节）	勾脚90°、绷脚180°（踝关节）	勾脚＞90°、绷脚＜180°（踝关节）
	控腿	向前控腿	腿高135°以上	腿高110°以上	腿高90°以上
		向侧控腿			
		向后控腿	腿高90°以上	腿高80°以上	腿高70°以上
倒立	手倒立（5～6岁没有该动作；7～8岁靠墙倒立）	双手分开与肩同宽，手腕稍内旋，双手五指抓地，头颈正直，眼看拇指，锁肩，收腹，立腰，紧臀，夹腿，绷脚尖，身体重心在双手之间	3秒及以上	＜3秒，＞2秒	＜2秒，＞1秒
	慢起倒立	地面分腿连续慢起倒立	5岁以下仅进行半支撑或支撑练习和考核，其他年龄段内容见素质练习与评价标准		

项目	内容	做法要求	评价标准		
			优秀	良好	合格
并腿	前后并腿	直角坐或仰卧，双腿伸直，双腿进行上下摆动，相遇时做短暂合并后分开，反复进行	8次	7次	6次
	左右并腿	直角坐或仰卧，双腿伸直，双腿进行左右分合练习	8次	7次	6次
	滚动并腿	直体或团身（双腿并拢，绷脚尖）左右滚动	5次	4次	3次
灵巧	高趋步跳	连续高趋步跳	5次	4次	3次

注：基本功内容不设年龄段评价标准，有些项目可见身体素质练习与技巧素质考核内容。

（三）技巧素质考核内容及评价标准

技巧运动员身体素质训练在不同的年龄阶段训练的内容不尽相同。因此，我们要依据女子和男子技巧运动员在不同年龄阶段的特点，规定各个年龄阶段的身体素质训练内容。

1.女子技巧身体素质练习内容及评价标准

5~6岁女子技巧身体素质练习项目有柔韧、平衡、腰腹、跑跳，具体练习内容及评价标准见表4。

表4　5~6岁女子技巧身体素质练习内容及评价标准

项目	内容	做法要求	测量要求	评价标准		
				优秀	良好	合格
柔韧	桥	双脚站立，身体向背部弓，抬头，双手撑地，尽量靠近脚跟，保持平衡	计距离/厘米（测量双手与脚跟的距离）	5	10	15
平衡	侧控腿平衡	一腿直立，另一腿向侧上举，上体直立，双臂侧举，保持平衡	计时/秒	10	5	3
腰腹	爬行	跪撑开始，四肢协调依次向前爬行	计距离/米	10	8	6~7
	俯撑	双手撑地，双腿向后伸直成俯撑	计时/秒	≥10	5	3
	仰卧举腿	仰卧，双臂上举，并腿收腹举腿，超过90°（腿伸直）	计数/次	15	9~14	7~8
跑跳	20米跑	协调，轻松自然摆臂	测2次，取最好成绩	作为练习内容，不考核		
	立定跳远（跳垫子）	双脚分开平行站立（稍宽于肩）	测3次，取最好成绩	作为练习内容，不考核		

7~8岁女子技巧身体素质练习项目有柔韧、平衡、腰腹、跑跳，具体练习内容及评价标准见表5。

表5　7~8岁女子技巧身体素质练习内容及评价标准

项目	内容	做法要求	测量要求	评价标准		
				优秀	良好	合格
柔韧	桥	双脚站立，身体向背部弓，抬头，双手撑地，尽量靠近脚跟，保持平衡	计距离／厘米（测量双手与脚跟的距离）	5	10	15
平衡	肩肘倒立	仰卧，收腹举腿，屈肘外张，双手撑腰，立腰，双腿伸直与地面垂直，保持平衡	计时／秒	10	5	3
	侧扳腿平衡	一腿直立，另一腿向侧上举，上体直立，侧举腿同侧的手扶腿，另一臂侧举，保持平衡	计时／秒	10（侧上举腿135°）	5（侧上举腿90°）	3（侧上举腿<90°）
腰腹	跪卧撑（7岁），俯卧撑（8岁）	由垫上跪撑或俯撑开始（双手分开与肩同宽，双脚并拢，身体伸直），向后屈肘至上臂与地面平行，计1次	计数／次	≥25	18~24	15~17
	仰卧悬垂引体向上（混合悬垂）	低单杠仰卧正握悬垂，直体双脚支撑地面开始引体向上，下颌超过杆面，计1次	计数／次	≥10	5~9	3~4
跑跳	50米跑*	协调，轻松自然摆臂	计时／秒	11.0~10.0	11.5~10.5	12.0~11.0
	1分钟跳绳*	双脚跳或依次连跳，向前摇绳，绳摇过脚计1次，中断可继续跳	计数／次	117~127	95~116	80~94
	立定跳远	双脚分开平行站立（稍宽于肩）	计距离／厘米（测3次，取最好成绩）	>170	150~169	120~149

注：*为2017年《国家学生体质健康标准》的测试内容，表中所列评价标准为各年级等级的最高要求（以下相同）。

9～10岁女子技巧身体素质练习项目有平衡、腰腹、跑跳，具体练习内容及评价标准见表6。

表6　9～10岁女子技巧身体素质练习内容及评价标准

项目	内容	做法要求	测量要求	评价标准		
				优秀	良好	合格
平衡	靠墙倒立	面向墙倒立	计时／秒	30	20～29	18～19
	扶持手倒立	双手支撑地面或倒立架，头颈正直、含胸、顶肩、收腹、夹臀，伸直身体垂直于地面	计时／秒	10	4～9	3
腰腹	俯卧撑	由垫上俯撑开始（双手分开与肩同宽，双脚并拢，身体伸直），向后屈肘至上臂与地面平行，伸直手臂，计1次	计数／次	≥30	20～29	17～19
	1分钟仰卧起坐*	仰卧，双腿弯曲，双手抱头抬上体，向前屈，计1次	计数／次	46～47	39～45	34～38
	30秒靠墙摆倒立	面对墙俯身，双手撑地，摆倒立	计数／次	≥25	20～24	17～19
跑跳	50米跑*	协调，轻松自然摆臂	计时／秒	9.2～8.7	9.7～9.2	10.2～9.8
	1分钟跳绳*	双脚跳或依次连跳，向前摇绳，绳摇过脚计1次，中断可继续跳	计数／次	139～149	117～138	102～116
	立定跳远	双脚分开平行站立（稍宽于肩）	计距离／厘米（测3次，取最好成绩）	≥200	170～199	150～169

11～12岁女子技巧身体素质练习项目有平衡、腰腹、跑跳，具体练习内容及评价标准见表7。

表7　11～12岁女子技巧身体素质练习内容及评价标准

项目	内容	做法要求	测量要求	评价标准		
				优秀	良好	合格
平衡	扶持手倒立	双手支撑地面或倒立架，头颈正直、含胸、顶肩、收腹、夹臀，伸直身体垂直于地面	计时／秒	30	20～29	17～19
	靠墙连续分腿慢起手倒立（选测）	头可以靠墙，倒立部位腿可以靠墙，但是下落连续慢起分腿倒立过程中，脚不能触地，触地视为中断	计数／次（测2次，取最好成绩）	5	3	2

续表

项目	内容	做法要求	测量要求	评价标准		
				优秀	良好	合格
腰腹	俯卧撑	由垫上俯撑开始（双手分开与肩同宽，双脚并拢，身体伸直），向后屈肘至上臂与地面平行，伸直手臂，计1次	计数／次	≥40	30～39	27～29
	1分钟仰卧起坐*	仰卧，双腿弯曲，双手抱头抬上体，向前屈，计1次	计数／次	48～49	41～47	36～40
	30秒靠墙摆倒立	面对墙俯身，双手撑地，摆倒立	计数／次	≥25	20～24	17～19
跑跳	50米跑*	协调，轻松自然摆臂	计时／秒（测2次，取最好成绩）	8.3～8.2	8.8～8.7	9.3～9.2
	1分钟跳绳*	双脚跳或依次连跳，向前摇绳，绳摇过脚计1次，中断可继续跳	计数／次	158～166	136～157	121～135
	立定跳远	双脚分开平行站立（稍宽于肩）	计距离／厘米（测3次，取最好成绩）	>210	180～209	150～179

13～16岁女子技巧身体素质练习项目有平衡、腰腹、跑跳，具体练习内容及评价标准见表8。

表8　13～16岁女子技巧身体素质练习内容及评价标准

项目	内容	做法要求	测量要求	评价标准		
				优秀	良好	合格
平衡	控倒立	双手支撑地面或倒立架，头颈正直、含胸、顶肩、收腹、夹臂，伸直身体垂直地面	计时／秒	10	5～9	3～4
腰腹	俯卧撑	由垫上俯撑开始（双手分开与肩同宽，双脚并拢，身体伸直），向后屈肘至上臂与地面平行，伸直手臂，计1次	计数／次	≥50	30～45	27～29
	1分钟仰卧起坐*	仰卧，双腿弯曲，双手抱头抬上体，向前屈，计1次	计数／次	53～55	46～52	41～45
	30秒靠墙摆倒立	面对墙俯身，双手撑地，摆倒立	计数／次	≥30	20～29	17～19

项目	内容	做法要求	测量要求	评价标准		
				优秀	良好	合格
跑跳	50米跑*	协调，轻松自然摆臂	计时／秒（测2次，取最好成绩）	7.8～7.6	8.5～7.9	8.8～8.6
	1分钟跳绳	双脚跳或依次连跳，向前摇绳，绳摇过脚计1次，中断可继续跳	计数／次	>180	160～179	155～159
	立定跳远*	双脚分开平行站立（稍宽于肩）	计距离／厘米（测3次，取最好成绩）	204～206	185～203	175～184

2.男子技巧身体素质练习内容及评价标准

5～6岁男子技巧身体素质练习项目有平衡、腰腹、跑跳，具体练习内容及评价标准见表9。

表9　5～6岁男子技巧身体素质练习内容及评价标准

项目	内容	做法要求	测量要求	评价标准		
				优秀	良好	合格
平衡	跪撑平衡	双手撑地，双膝分开与肩同宽撑地，双脚背触地，含胸、头颈正直、紧腰、身体伸直，重心落于双臂	计时／秒	≥20	<20，≥10	<10，≥5
	侧控腿平衡	一腿直立，另一腿向侧上举，上体直立，双臂侧举，保持平衡	计时／秒	10	5～9	3～4
腰腹	爬行	双手撑地，双腿向后伸直成跪撑，或俯撑开始爬行	计距离／米	10	8～9	6～7
	仰卧举腿	仰卧，双臂上举，并腿收腹举腿，超过90°（腿伸直）	计数／次	15	10～14	8～9
跑跳	20米跑	协调，轻松自然摆臂	计时／秒（测2次，取最好成绩）	作为练习内容，不考核		
	立定跳远（跳垫子）	双脚分开平行站立（稍宽于肩）	计距离／厘米（测3次，取最好成绩）	作为练习内容，不考核		

7～8岁男子技巧身体素质练习项目有平衡、腰腹、跑跳，具体练习内容及评价标准见表10。

表10 7～8岁男子技巧身体素质练习内容及评价标准

项目	内容	做法要求	测量要求	评价标准		
				优秀	良好	合格
平衡	俯撑平衡	双手撑于地面，身体伸直，双腿并拢，双脚蹬地	计时/秒	≥ 20	≥ 10，< 20	≥ 5，< 10
	侧扳腿平衡	一腿直立，另一腿向侧上举，上体直立，双臂侧举，保持平衡	计时/秒	10（侧上举腿135°）	5（侧上举腿90°）	3（侧上举腿< 90°）
	肩肘倒立	仰卧，收腹举腿，屈肘外张，双手撑腰，立腰，双腿伸直与地面垂直，保持平衡	计时/秒	10	> 3，≤ 5	2
腰腹	跪卧撑（7岁），俯卧撑（8岁）	垫上跪撑或俯撑开始（双手分开与肩同宽，双脚并拢，身体伸直），向后屈肘至上臂与地面平行，计1次	计数/次	≥ 25	20 ～ 24	17 ～ 19
	仰卧悬垂引体向上（混合悬垂）	低单杠仰卧正握悬垂，直体双脚支撑地面开始引体向上，下颌超过杆面，计1次	计数/次	≥ 25	18 ～ 24	16 ～ 17
跑跳	50米跑*	协调，轻松自然摆臂	计时/秒	10.2 ～ 9.6	10.5 ～ 9.7	10.8 ～ 10.0
	1分钟跳绳	双脚跳或依次连跳，向前摇绳，绳摇过脚计1次，中断可继续跳	计数/次	109 ～ 117	93 ～ 108	80 ～ 92
	立定跳远	双脚分开平行站立（稍宽于肩）	计距离/厘米（测3次，取最好成绩）	≥ 190	160 ～ 189	158 ～ 159

9～10岁男子技巧身体素质练习项目有平衡、腰腹、跑跳，具体练习内容及评价标准见表11。

表11　9～10岁男子技巧身体素质练习内容及评价标准

项目	内容	做法要求	测量要求	评价标准		
				优秀	良好	合格
平衡	靠墙倒立	面向墙倒立	计时/秒	30	20～25	17～19
	扶持倒立	锁肩、含胸、头颈正直、紧腰收腹，并腿向上成直立，在他人的帮助下，在倒立架上或地上做	计时/秒	10	4～9	2～3
腰腹	俯卧撑	由垫上俯撑开始（双手分开与肩同宽，双脚并拢，身体伸直），向后屈肘至上臂与地面平行，伸直手臂，计1次	计数/次	≥35	25～34	22～24
	1分钟仰卧起坐*	仰卧，双腿弯曲，双手抱头抬上体，向前屈，计1次	计数/次	48～49	39～40	34～38
跑跳	50米跑*	协调，轻松自然摆臂	计时/秒	9.1～8.7	9.4～9.0	10.8～10.2
	1分钟跳绳*	双脚跳或依次连跳，向前摇绳，绳摇过脚计1次，中断可继续跳	计数/次	126～137	110～121	97～108
	立定跳远	双脚分开平行站立(稍宽于肩)	计距离/厘米（测3次，取最好成绩）	>210	180～210	178～179

11～12岁男子技巧身体素质练习项目有平衡、腰腹、跑跳，具体练习内容及评价标准见表12。

表12　11～12岁男子技巧身体素质练习内容及评价标准

项目	内容	做法要求	测量要求	评价标准		
				优秀	良好	合格
平衡	靠墙倒立	面向墙倒立	计时/秒	30	25	20
	控倒立	锁肩、含胸、头颈正直、紧腰收腹，并腿向上成直立（在倒立架上或地上做）	计时/秒	10	5～8	3
	靠墙连续分腿慢起手倒立（选测）	头可以靠墙，倒立部位腿可以靠墙，但是下落连续慢起分腿倒立过程中，脚不能触地，触地视为中断	计数/次（测2次，取最好成绩）	5	3	2

项目	内容	做法要求	测量要求	评价标准		
				优秀	良好	合格
腰腹	俯卧撑	垫上俯撑开始（双手分开与肩同宽，双脚并拢，身体伸直），向后屈肘至上臂与地面平行，伸直手臂，计1次	计数／次	≥40	35～39	33～34
	1分钟仰卧起坐*	仰卧，双腿弯曲，双手抱头抬上体，向前屈，计1次	计数／次	50～51	41～49	36～40
	30秒靠墙摆倒立	面对墙俯身，双手撑地，摆倒立	计数／次	≥30	26～29	23～25
跑跳	50米跑*	协调，轻松自然摆臂	计时／秒	8.4～8.2	8.7～8.5	9.0～8.8
	1分钟跳绳*	双脚跳或依次连跳，向前摇绳，绳摇过脚计1次，中断可继续跳	计数／次	148～157	132～156	119～131
	立定跳远	双脚分开平行站立（稍宽于肩）	计距离／厘米（测3次，取最好成绩）	>220	190～219	170～189

　　13～16岁男子技巧身体素质练习项目有平衡、腰腹、跑跳，具体练习内容及评价标准见表13。

表13　13～16岁男子技巧身体素质练习内容及评价标准

项目	内容	做法要求	测量要求	评价标准		
				优秀	良好	合格
平衡	靠墙连续分腿慢起手倒立	头可以靠墙，倒立部位腿可以靠墙，但是下落连续慢起分腿倒立过程中，脚不能触地，触地视为中断	计数／次（测2次，取最好成绩）	5	3	2
	控倒立	锁肩、含胸、头颈正直、紧腰收腹，并腿向上成直立。（在倒立架上或地上做）	计时／秒	10	5～8	3
腰腹	30秒仰卧两头起	仰卧，直腿并腿收腹举腿，抬上体，双手触脚，计1次	计数／次	≥50	45～49	43～44
	30秒靠墙摆倒立	面对墙俯身，双手撑地，摆倒立	计数／次	≥30	25～30	23～24

续表

项目	内容	做法要求	测量要求	评价标准		
				优秀	良好	合格
跑跳	50米跑*	协调，轻松自然摆臂	计时／秒	7.1～6.8	7.4～6.9	7.7～7.0
	1分钟跳绳	双脚跳或依次连跳，向前摇绳，绳摇过脚计1次，中断可继续跳	计数／次	>170	150～169	149～132
	立定跳远	双脚分开平行站立（稍宽于肩）	计距离／厘米（测3次，取最好成绩）	260～270	243～269	231～242

四、技巧项目技术训练

（一）主要基本技术内容、做法和评价标准

1. 个人技术

个人技术练习项目有柔韧类、平衡类、倒立类、灵巧类、翻腾类，具体练习内容及评价标准见表14。

表14　个人技术练习内容及评价标准

项目	顺序	内容	做法和基本要求	评价标准		
				优秀 8.6分以上	良好 7.6～8.5分	及格 6.0～7.5分
柔韧类	1	体前屈	并腿体前屈：并腿站立，双手抱脚踝，双肘紧贴小腿外侧，胸腹自然紧贴大腿 分腿体前屈：坐于地面，双腿分开成90°，双臂前伸，抬头，胸腹自然贴地面	膝关节完全伸直，身体与地面或大腿完全贴合	膝关节微屈，身体与地面或大腿有15°夹角	明显屈膝，身体与地面或大腿有45°夹角
	2	纵劈叉	双腿前后分开成一条直线贴于地面，骨盆和上体正对前方，双手置于体侧	髋部紧贴地面，脚尖、膝关节完全伸直	髋部与地面距离为5厘米，脚尖、膝关节基本伸直	髋部与地面距离为10厘米，脚尖、膝关节略有弯曲
	3	横劈叉	双腿向左右分开，成一条直线，上体俯卧，双手置于体前	胸部、髋部紧贴地面	髋部与地面距离为5厘米	髋部与地面距离为10厘米
	4	下桥	双脚分开与肩同宽站立，双臂上举后仰下腰成桥；双腿伸直，肩角拉开，腰部上顶	无肩角，脚与手间距小于肩宽	165°肩角，脚与手间距略宽于肩	145°肩角，脚与手间距明显宽于肩
	5	前（后）软翻	动作开始和结束有明显的高控腿，经过前后分腿倒立，动作完成匀速	匀速、有控制，脚尖、膝关节完全伸直	略微缺乏控制，脚尖、膝关节基本伸直	明显缺乏控制，脚尖、膝关节略有弯曲

续表

项目	顺序	内容	做法和基本要求	评价标准		
				优秀 8.6分以上	良好 7.6～8.5分	及格 6.0～7.5分
平衡类	1	控前腿平衡	上体挺直正对前方，主力腿站直，动力腿直膝、绷脚尖	145°	120°	90°
	2	控后腿平衡	上体挺直正对前方，主力腿绷直，动力腿直膝、绷脚尖，正对身体后方	120°	90°	60°
	3	侧扳腿平衡	上体挺直，一手扳同侧腿脚跟上举，至体侧，并贴紧身体	背部挺直，脚尖、膝关节完全伸直	背部略微前倾，脚尖、膝关节微屈	背部明显前倾，明显屈膝、勾脚尖
	4	肘水平	充分伸展身体，上体和腿在水平面*以上	水平面以上	略低于水平面	明显低于水平面
	5	并腿直角支撑	双臂伸直，与肩同宽，上体与腿成90°，腿与地面平行	臀部与地面有明显距离，脚尖、膝关节完全伸直	臀部与地面有一定距离，脚尖、膝关节微屈	臀部靠近地面，明显屈膝、勾脚尖
倒立类	1	肩肘倒立	双肘分开与肩同宽，双手支撑于背部，肩部、背部、髋部成一条直线	髋部完全伸直，脚尖、膝关节完全伸直	略微屈髋，脚尖、膝关节微屈	明显屈髋，脚尖、膝关节微屈
	2	头手倒立	头部与双手支撑，成等边三角形，夹肘；身体成一条直线	身体完全成一条直线	身体略微弯曲	身体明显弯曲
	3	双臂倒立	侧视：无肩角，身体成一条直线；正视：双臂伸直，与肩同宽，平行，身体正直，双腿并拢，脚尖、膝关节完全伸直	身体完全静止，成一条直线，脚尖、膝关节完全伸直	身体细微晃动，略有肩角，脚尖、膝关节微屈	身体松，有明显肩角，明显屈膝、勾脚尖
	4	分腿支撑慢起成手倒立	自分腿支撑开始，直臂、提臀、含胸、顶肩；双腿靠近上体侧分，经体侧成并腿倒立	提臀至垂直面并腿成手倒立，脚尖、膝关节完全伸直	提臀略微不到垂直面并腿成手倒立，脚尖、膝关节微屈	提臀明显不到垂直面并腿成手倒立，明显屈膝、勾脚尖
	5	背弓倒立	肩在垂直位置，抬头、挺胸、塌腰，两脚分开与肩同宽	双腿与地面平行或略低于水平面，脚尖、膝关节完全伸直	双腿略高于水平面，脚尖、膝关节微屈	双腿明显高于水平面，明显屈膝、勾脚尖

续表

项目	顺序	内容	做法和基本要求	评价标准		
				优秀 8.6 分以上	良好 7.6～8.5 分	及格 6.0～7.5 分
灵巧类	1	前(后)滚翻	蹬地、低头，屈膝团身，经蹲成站立；滚动速度快，方向正	滚动圆滑，团身紧	滚动略微不圆滑，团身略松	滚动不圆滑，团身松
	2	鱼跃前滚翻	蹬地摆臂跃起，腾空时保持含胸，低头，屈膝团身，经蹲成站立；滚动速度快，方向正	鱼跃高度在髋部以上	鱼跃高度明显超过膝盖	鱼跃高度未超过膝盖
	3	挺身鱼跃前滚翻	助跑起跳，空中抬头挺胸稍有背弓；落地时，双手支撑前滚，团身紧，滚动圆滑	鱼跃高度在髋部以上	鱼跃高度明显超过膝盖	鱼跃高度未超过膝盖
	4	后滚翻成手倒立	站立成体前屈，直腿后坐滚动，向上伸展髋关节，双手撑地推手成手倒立	倒立轻松、准确稳定	倒立有细微晃动	倒立有明显晃动
	5	摆腿侧空翻	双臂经前积极用力后摆，双腿依次蹬摆，正而有力；在中心线垂直面上翻转	高度平髋部	高度高于膝盖	高度低于膝盖
	6	挺身分腿前空翻	助跑趋步，躯干积极靠紧大腿，带臂提腰，依次蹬摆腿、振胸向前翻转，落地，双臂自然上举	高度平髋部	高度高于膝盖	高度低于膝盖
翻腾类	1	高趋步	蹬地、带臂向前上方起跳，双臂上举、抬头挺胸、身体略反弓、双腿蹬直；依次落地，重心偏前	动作舒展优美，空中脚尖、膝关节完全伸直	双腿微屈	双腿明显弯曲
	2	侧手翻	依次下手，撑于一条直线，经分腿倒立时要头颈正直、含胸、顶肩、双腿分大，依次落地	双脚与双手在同一条直线上	略有偏离	明显偏离
	3	踺子	下手头颈正直、含胸、蹬摆腿，经倒立位置转体，推手顶肩，上体直立，方向正直	速度快	速度一般	速度慢
	4	后手翻	双腿并拢站立，重心后移的同时向后摆臂，屈膝，快速蹬腿挑髋，头颈正直倒肩带臂；撑手时双臂垂直于地面，推手头颈正直，立肩，双臂前平举，站立结束	蹬地有力、速度快	速度一般	速度慢
	5	前手翻	头颈正直下手，蹬摆腿快速有力；顶肩推手	双腿并拢，有明显腾空	双腿并拢，无明显腾空	无腾空

项目	顺序	内容	做法和基本要求	评价标准		
				优秀 8.6分以上	良好 7.6～8.5分	及格 6.0～7.5分
翻腾类	6	团身后空翻	头颈正直、立肩，带臂快，起跳有力；收腹吸腿快、团身紧，翻转快	高度在肩部以上	高度在胸部以上	高度在腰部以上
	7	直体后空翻	头颈正直、立肩，带臂快，起跳有力；压臂，身体成"直棍式"	高度在肩部以上	高度在胸部以上	高度在腰部以上
	8	助跑团身前空翻	助跑起跳角度合理，重心高；空翻头颈正直、含胸，团身紧	高度在肩部以上	高度在胸部以上	高度在腰部以上

注：*本书所指的水平面是一种身体部位平行于地面的状态。

2. 配合技术

配合技术练习内容及评价标准见表15。

表15　配合技术练习内容及评价标准

顺序	内容	做法和基本要求	评价标准		
			优秀 8.6分以上	良好 7.6～8.5分	及格 6.0～7.5分
1	对面握	下面人（以下简称"下"）和上面人（以下简称"上"）对面站立，异侧手相握，四指并拢，拇指张开，掌心舒展，相握，尽可能增大接触面	双掌完全贴合	双掌大部分贴合	双掌部分贴合
2	普通握	"下"和"上"同向前后站立，同侧手相握，五指分开，掌心舒展，相握的"上"手掌前缘和"下"掌根相对，尽可能增大接触面	双掌完全贴合	双掌大部分贴合	双掌部分贴合
3	轿子	1.两个"下"，各自用右手握住自己的左手手腕 2.左手握对方的右手手腕，组成轿子 3.手腕适度紧张，有利于"上"做站立、起跳动作	轿面平整，稳定	轿面略微不平整，手腕松散	轿面不平整
4	"下"仰卧，用脚支撑的技术	"下"双腿并拢，脚跟并紧，前脚掌略微分开支撑于"上"静态造型的重心	直膝且稳固	轻微屈膝、晃动	明显屈膝、晃动

顺序	内容	做法和基本要求	评价标准		
			优秀 8.6分以上	良好 7.6～8.5分	及格 6.0～7.5分
5	"下"双手直臂支撑"上"腹平衡（仰平衡）的技术	"下"双手拇指与四指尽量分开，掌心贴紧"上"髋部，双手掌根与拇指尽量靠拢，四指分开作用于"上"髋部，"下"可通过手腕用力调节"上"的重心	稳定，能在较大范围内完全控制住"上"的重心	能在一定范围内控制"上"的重心	只能在很小范围内控制"上"的重心
6	"下"仰卧，屈臂支撑的技术	"下"平躺，背部紧贴地面，展肩，双臂置于体侧与肩同宽，前臂垂直于地面，掌根正对前方，手掌摊平，大鱼际与小鱼际在同一水平面，手腕固定用力，成25°～35°斜坡	手腕固定，支撑稳	手腕、支撑有细微晃动	手腕、支撑有明显晃动
7	"下"仰卧，直臂支撑的技术	"下"平躺，背部紧贴地面，沉肩，双臂伸直垂直于地面，手腕正对前方，手掌摊平，大鱼际与小鱼际在同一水平面，手腕固定用力，成25°～35°斜坡	手腕固定，支撑稳	手腕、支撑有细微晃动	手腕、支撑有明显晃动
8	"下"站立，低双臂支撑的技术	"下"双腿左右分开与肩同宽，前后站立，髋部正对前方，屈臂与肩同宽，手掌摊平，掌根正对前方，大鱼际与小鱼际在同一水平面，手腕固定用力，成25°～35°斜坡	身体直立，手腕固定，支撑稳	身体、手腕、支撑有细微晃动	身体、手腕、支撑有明显晃动
9	"下"站立，高双臂支撑的技术	"下"双腿左右分开与肩同宽，前后站立，髋部正对前方，双臂垂直上举与肩同宽，含胸顶肩，手掌摊平，掌根正对前方，大鱼际与小鱼际在同一水平面，手腕固定用力，成25°～35°斜坡	没有肩角，手腕固定，支撑稳	略有肩角，手腕、支撑有细微晃动	有肩角，手腕、支撑有明显晃动
10	两个"下"叠臂支撑"上"双臂的技术	1.两个"下"左右并排，站立 2.左侧"下"左手在上右手在下，双掌重叠，与"上"左手相握 3.右侧"下"右手在上左手在下，双掌重叠，与"上"右手相握 4.支撑手位置宽度同"上"肩宽度一致	"下"没有肩角，手腕固定，支撑稳	"下"略有肩角，手腕、支撑有细微晃动	"下"有肩角，手腕、支撑有明显晃动
11	"下"用头部和手支撑的技术	1."下"背部直立，双眼平视前方，下颌微收，头部、颈部、脊椎成一条直线，气沉丹田，用腹式呼吸 2.支撑手固定，与头顶保持水平	稳定、静止	小晃、轻微不稳定	明显晃动、不稳定

续表

顺序	内容	做法和基本要求	评价标准		
			优秀 8.6分以上	良好 7.6～8.5分	及格 6.0～7.5分
12	双人站肩技术	1. "上"双脚的前脚掌站于"下"的颈部两侧，踝关节固定，脚跟微夹，小腿胫骨紧贴"下"头后部，站姿自然，收腹挺胸 2. "下"站姿自然，收腹挺胸、头颈正直，双肩外展，双手五指并拢，作用于"上"小腿后侧上方 3. "上"和"下"的重心在同一条直线上	直膝、挺拔、稳定	膝盖微屈、小晃	明显屈膝、晃动
13	弓步架	前腿弯曲，脚尖向前，膝盖的垂线不超过脚尖，后腿伸直，上体正直、正向前方	大腿位于水平面，稳定、牢固	大腿略高于水平面	大腿明显高于水平面
14	马步架	1. 双腿平行站立与肩同宽，脚尖向前下蹲 2. 膝盖的垂线不超过脚尖，大腿成水平，躯干尽量垂直于地面	大腿位于水平面，稳定、牢固	大腿略高于水平面	大腿明显高于水平面
15	众字架	1. 两名"底座"并肩站立，内侧的手相握前平举，中间第2位（以下简称"中2"）站于两名"底座"外侧肩，"底座"外侧肩展开，双手分别作用于"中2"的小腿后侧上方 2. "中2"站姿自然、身体中正，"底座"收腹挺胸、头颈正直，站姿自然、稳定	双肩展平、稳定	双肩前后不平行、小晃	双肩前后不平行、高低不平且不稳定
16	水平抛、接	1. "上"腹平衡，一名"下"双臂并拢，作用于"上"腹部和髋部，另一名"下"双臂略微分大，作用于"上"胸骨剑突和大腿中部 2. "下"保持身体直立，平稳下蹲，腿部开始联动发力至指尖 3. "上"保持原有姿势 4. 高接，"下"用腿部缓冲并控制"上"的重心，保持平稳	腾空高度明显超出"下"直臂上举的位置	腾空高度超出"下"的头部	腾空高度在"下"的头部以下

顺序	内容	做法和基本要求	评价标准		
			优秀 8.6分以上	良好 7.6～8.5分	及格 6.0～7.5分
17	单膝抛直棍	1."下"左右分腿与肩同宽站立，下蹲，双膝靠拢，双掌展开、重叠于膝盖上方，屈肘，肘关节靠近身体两侧，握住"上"同侧前脚掌，自腿部开始快速垂直发力至指尖 2."上"踝关节固定，快速蹬腿带臂，发力方向与"下"发力在同一垂线上 3."上"带臂至耳侧	1."上"成"直棍式" 2.腾空高度明显超出"下"直臂上举的位置	1."上"身体姿态轻微缺乏控制 2.腾空高度超出"下"的头部	1."上"身体姿态严重缺乏控制 2.腾空高度在"下"的头部以下
18	双膝抛直棍	1.左侧"下"右手，右侧"下"左手分别握住"上"的右前脚掌和左前脚掌，身体尽量靠拢，略向内转；自腿部开始快速垂直发力至指尖 2."上"踝关节固定，快速蹬腿带臂，发力方向与"下"发力在同一垂线上 3.腾空高度高，"上"带臂至耳侧，身体成"直棍式"集中向中心线发力	1."上"成"直棍式" 2.腾空高度明显超出"下"直臂上举的位置	1."上"身体姿态轻微缺乏控制 2.腾空高度超出"下"的头部	1."上"身体姿态严重缺乏控制 2.腾空高度在"下"的头部以下
19	"下"手抛、接	1."下"双腿前后分开、左右与肩同宽站立，"上"相向站于"下"屈臂，"下"肩部、手部保持在同一水平面 2."下"下蹲平稳，与"上"协调配合发力 3."下"发力至指尖，"上"蹬腿起跳充分 4.高接缓冲	腾空高度超出"下"直臂上举1米	腾空高度明显超出"下"直臂上举50厘米	腾空高度明显超出"下"直臂上举的位置
20	双人轿子抛、接	1."下"相互握于手腕处，保持轿面的水平和稳定 2."上"双脚并拢，用前脚掌站立于轿面，踝关节固定 3.下蹲平稳协调，"上"和"下"同步发力，"上"起跳垂直，身体姿态好，腾空高度高 4.高接，"下"用腿部缓冲并控制"上"的重心，保持轿面平稳	腾空高度超出"下"直臂上举1.5米	腾空高度明显超出"下"直臂上举1米	腾空高度明显超出"下"直臂上举50厘米
21	三人轿子抛、接	"中2"双手扶持于轿子下方，帮助固定轿面，辅助加强发力	腾空高度超出"下"直臂上举1.5米	腾空高度明显超出"下"直臂上举1米	腾空高度明显超出"下"直臂上举50厘米

（二）主要技术训练内容

1.个人技术训练主要内容

按照不同年龄，将个人技术训练主要内容分为必学动作和选学动作，见表16。

表16　个人技术训练主要内容

级别（年龄）/岁	主要内容	
	必学动作	选学动作
启蒙级（5～6）	跪撑、仰撑、俯撑反弓、弓步、体前屈、各个方向滚动练习	纵劈叉、前（后）滚翻、分腿坐撑起
初级（7～8）	前吸腿平衡、下桥、纵劈叉、前（后）滚翻、反靠斜倒立	横劈叉、靠墙倒立、前（后）软翻、原地侧手翻
中级前期（9～10）	控前腿平衡、分腿支撑、前软翻、肩肘倒立、助跑侧手翻	慢起倒立、控双臂手倒立、踺子、原地后手翻
中级中期（11～12）	侧扳腿平衡、头手倒立、靠墙倒立（10秒）、助跑踺子、后软翻、助跑前手翻	踺子后手翻、助跑团身前空翻、连接空翻的前手翻
中级后期（13～14）	燕式平衡、双臂肘水平、手倒立前滚翻、摆腿侧空翻、原地后手翻	挺身分腿前空翻、原地团身后空翻、踺子后手翻团身后空翻
中级后期（15～18）	手倒立前倒转体360°成坐（仰撑）、头手翻、单臂坐撑后软翻、单臂肘水平、原地跳转360°成纵劈叉、鱼跃前滚翻	挺身鱼跃前滚翻、踺子后手翻直体后空翻、前手翻团身前空翻

　　注：技术训练中应特别强调与提醒：①每一个年龄组都设置了"必学动作"与"选学动作"。"必学动作"是指该年龄组每一位技巧训练参与者都应该掌握的技术动作；而"选学动作"是指在高质量掌握了"必学动作"的基础上，对具有良好技巧潜质和能力的参与者给出的提升动作。②在每一个年龄组中，只有高质量掌握了"必学动作"之后，才可以进入"选学动作"阶段。③技术训练设置了年龄组内容，但是初学者的年龄并不受严格的限制。换句话说，技巧项目技术动作可以从任何年龄段开始学起，既可以从5～6岁开始学起，也可以从初中或者高中开始学起。但是需要强调的是，无论从哪个年龄段开始学起，都必须遵循"由易到难"的原则，不可"冒进"。

2.专项配合技术训练主要内容

按照不同年龄，专项配合技术训练主要内容有双人项目、三人项目和四人项目。见表17至表19。

表17 双人项目配合技术训练主要动作

级别(年龄)/岁	必学动作		选学动作
	平衡类	动力类	
启蒙级 (5~9)			
初级 (7~12)			

续表

级别(年龄)/岁	必学动作		选学动作
	平衡类	动力类	
中级前期 (9~16)			3秒
中级后期 (11~18)		转体180° 转体180°	3秒

表18　三人项目配合技术训练主要动作

三人项目			
级别 / 年龄（岁）	必学动作		选学动作
	平衡类	动力类	
启蒙级（5～9）		—	
初级（7～12）		换人接	

续表

	三人项目		
级别/年龄（岁）	必学动作		选学动作
	平衡类	动力类	
中级前期（9～16）			 上面人向后 1/4
中级后期（11～18）		 上面人转体 180°	 360° 540° 或 720°

表19　四人项目配合技术训练主要动作

级别/年龄（岁）	必学动作		选学动作
	平衡类	动力类	
启蒙级（5～9）		—	
初级（7～12）		转体180° 	

续表

四人项目			
级别 / 年龄 （岁）	必学动作		选学动作
	平衡类	动力类	
中级前期 （9 ~ 16）		 转体180° 换人接 	 向后 1/4
中级后期 （11 ~ 18）		 转体360° 换人接 	 换人接

五、技巧项目舞蹈教学训练

（一）教学目标

舞蹈训练能够改善学生的身体形态，提升肢体动作美感，增强学生舞蹈节奏感、韵律感、协调性；同时，通过掌握舞蹈基本知识、了解多舞种文化背景、音乐赏析及理论学习，以及表演训练等多种方式，学生可以具备技巧运动特有的艺术性（肢体与思想）表达能力。

（二）教学内容

技巧项目舞蹈教学内容主要包括4个方面，即舞蹈知识、身体姿态（地面、把杆、中间练习等）、舞步，以及组合与表演（风格性舞蹈组合与表演训练）。

（三）舞蹈教学层级

技巧项目将舞蹈教学分为以下6个层级。见表20至表25。

①5～6岁（学龄前）；

②7～8岁（小学1～2年级）；

③9～10岁（小学3～4年级）；

④11～12岁（小学5～6年级）；

⑤13～15岁（初中）；

⑥15岁以上（高中及以上）。

表20 5～6岁（学龄前）教学内容、要求与标准

年龄/岁	内容			要求与标准
5～6	舞蹈知识		身体方位：上、下、左、右	—
			人体部位名称：头、肩、臂、腿	—
			手型：掌、指（扩指/握拳、兰花指）	—
			音乐节拍认知与训练：2/4拍	—
	身体姿态	地面	坐姿：屈膝坐、直膝坐、屈膝开胯坐	保持背部直立，头顶向远处延伸
		把杆	头：前、后、侧屈和绕	头部各方向运动，双肩下沉
			肩：提、压、绕环	提肩至耳根，明显下压，绕环成圆形
			脚掌与脚趾：勾绷脚掌与脚趾分步练习	趾与掌独立勾绷用力
			前压腿：坐位（并腿、分腿）体前屈；侧压腿；后压腿：弓步	体前屈：上体紧贴双腿，头顶向远处延伸；青蛙趴：双腿成直线；弓步：上体直立，后腿伸直
			腿：屈膝、伸膝、抬腿	双腿膝关节伸直
			开胯练习：屈膝开胯坐位体前屈	双膝外开并碰地，上体前屈
			腰：跪下腰	双臂上举与肩同宽，双腿跪姿与髋同宽，双手向后撑地，逐步撑到双踝
		中间	基本站立	夹臀、收腹、立腰、沉肩
			手臂基本位置：前、侧、斜上/下举	基本站立、手臂位置准确到位
			髋部活动：左右摇摆	上体直立，髋部摆动
	舞步		半蹲与提压脚	屈伸双膝，脚跟有力，提压时上体直立
			脚尖点步、脚跟点步	脚尖点步：主力腿直膝，双脚脚尖依次向前、侧点地；脚跟点步：主力腿屈膝，双脚脚跟依次向前、侧点地
			体操步、抬膝步	体操步：直膝前踢向前走步；抬膝步：双腿依次向上抬膝至靠近上体原地走步
			蹦跳步	前脚掌着地，有弹性地跑跳
	组合与表演		手指与手位组合（扩指、前平举、上举、侧平举、手臂绕环）	与音乐节拍吻合，按标准和要求完成所学舞步
			舞步组合（原地踏步，前、侧点地步，体操步，弹簧步）	—
			表演训练：模仿动物形态与动态（乌龟爬、燕子飞、兔子跳等）	生动形象地模仿动物形态与动态

表21　7～8岁（小学1～2年级）教学内容、要求与标准

年龄/岁		内容	要求与标准
7～8	舞蹈知识	认识场地8个方位和直线、弧线、曲折线等路线	—
		认识人体关节：脊椎、肩、肘、腕、髋、膝、踝	—
		能区分半拍、一拍节奏，能做到半拍一动	—
		芭蕾一至七手位	—
	身体姿态	脚掌与脚趾：勾绷脚（环动）	直膝环动双脚脚趾与脚掌
		压腿：竖叉（左、右腿）、横叉（靠墙）	双腿开度达到180°
		腿：屈伸（前、侧45°）、仰卧踢腿（前、侧90°）	双膝伸直，踢腿有速度，大腿外开
		开胯练习：青蛙趴（大腿、小腿成135°）、仰卧开合腿	双腿主动外开
		地面 肩：压肩、胸腰	压肩：双臂与肩同宽，与上体开度180°以上
		腰：仰卧手撑地起成桥	双手、双脚与肩同宽，手与脚的距离小于20厘米
		躯干：身体波浪（前、后）	身体协调用力，每一个角度都到位
		压腿：正步（前、侧、后）	主力腿直膝，动力腿外开、直膝，双腿开度90°以上
		站立：正步（压绷脚背）	主力腿直膝，双脚趾背交替点地
		蹲：正步蹲	上体直立，双膝并拢
		把杆 擦地、小踢腿：正步（前、侧）	主力腿直立，动力腿沿地面向远处延伸直至脚尖
		弹踢腿：正步向前、向侧（点地、45°、90°）逐步提高弹直腿的高度	主力腿直立，动力腿屈伸膝关节，有速度有力量
		提踵（起半脚尖）：正步站立	双腿并拢，起脚跟，直至前脚掌着地
		中间 芭蕾一至七手位/三位脚站立（丁字步）	手位位置正确
		手臂波浪	双肩下沉，上臂带动前臂至指尖
	舞步	正步小跳	有弹性，起跳离地后绷脚尖
		滚动步	连贯有弹性，滚动至脚趾背
		跳踢步（向前直膝、向后屈膝）	有弹性地跳动，脚尖前踢，后踢至脚跟碰臀部
		正吸跳步	充分起跳，至离地时绷脚尖，抬膝至90°
		并步跳（前、侧）	充分起跳，至空中双腿前后并腿，绷脚尖
	组合与表演	芭蕾舞姿组合（芭蕾基本手位）	与音乐节拍吻合，按标准和要求完成舞步
		舞步组合：小碎步、滚动步、跳踢步（前、侧、后）、并步跳（前、侧）	
		表演训练：生活情景想象力训练（单一情景）	—
		节奏练习（2/4拍）	—

表22　9～10岁（小学3～4年级）教学内容、要求与标准

年龄/岁		内容		要求与标准
9～10	舞蹈知识	芭蕾舞一至五脚位		—
		音乐节拍：3/4拍		—
	身体姿态	地面	压腿：横叉、竖叉	大于180°
			脚掌与脚趾：勾绷脚（单腿依次环动）	直膝，双腿依次环动脚趾与脚掌
			腿：屈伸腿（前、侧）、仰卧踢腿（前、侧）	屈伸腿90°，仰卧踢腿大于90°，双腿伸直
			肩：压肩、胸腰	压肩：双臂与肩同宽，与上体开度180°以上
			腰（站立下腰）	双手、双脚与肩同宽，手与脚的距离小于15厘米
			躯干：身体波浪（前、后、侧）	身体协调用力，每一个角度都到位
		把杆（双把）	压腿：一位（前、侧、后）	主力腿直膝外开，动力腿直膝外开，双腿开度90°以上
			站立：一位（压绷脚面）	主力腿直膝外开，双脚趾背交替点地
			蹲：一位、二位、四位、五位	上体直立，双膝外开
			擦地、小踢腿：一位（前、侧、后）	主力腿直立外开，动力腿外开沿地面向远处延伸直至脚尖
			弹踢腿：一位巴塞（一位站立单吸腿）	主力腿直立外开，动力腿外开屈伸膝关节45°、90°，有速度有力量
			提踵（起半脚尖）：一位、二位	双腿外开，起脚跟，直至前脚掌着地站立
			踢腿：一位（前、侧、后）	主力腿直立外开，动力腿外开踢至90°
			腰（胸腰）前、侧、后	双腿外开直立，沉肩收腹，肋骨以上左右、后屈
			身体波浪（前、后）	身体协调用力，每一个角度都到位
		中间	芭蕾一至五基本脚位站立	双腿外开直立
			踢腿：一位原地、行进间	主力腿外开直立，动力腿直膝踢至90°
			芭蕾基本舞姿：阿拉贝斯克	双腿外开，重心在前腿，收腹，背部直立，双臂延伸
	舞步	一位/五位小跳		—
		弹簧步		又称柔软步，双腿同时自然屈伸，落地轻柔
		猫跳（单起单落跳）		起跳充分，双腿外开追赶向前，落地轻盈
		巴塞（摇摆舞步3/4拍）		双腿保持外开
		双起单落分腿跳（前、侧、后）		双腿充分起跳，空中分腿，单腿落地屈膝缓冲
	组合与表演	芭蕾舞姿组合		与音乐节拍吻合，按标准和要求完成舞蹈组合
		古典舞身韵地面组合（气息、提沉、冲靠、含腆、旁提、横移）		
		表演训练：生活情景想象力训练（情景片段）		—

表23　11～12岁（小学5～6年级）教学内容、要求与标准

年龄/岁		内容		要求与标准
11～12	舞蹈知识	芭蕾舞基本动作术语		—
		音乐节拍：4/4拍		—
		了解不同节拍的强弱并能数出音乐节拍：用拍手等方式分别感受2/4、3/4、4/4的节拍强弱关系		
	身体姿态	地面	压腿：横叉、竖叉（前后腿加高）	大于180°，双腿伸直
			脚掌与脚趾：勾绷脚（复合练习）	脚趾与脚掌独立勾绷、绕环
			腿：屈伸腿控制，仰卧控、扳腿（前、侧）	双腿有控制地屈伸，控腿接近上体，扳腿靠住上体
			肩：压肩、胸腰	压肩：双臂与肩同宽，与上体开度180°以上
			腰：下腰站起	双手、双脚与肩同宽，手与脚的距离小于15厘米
			躯干：仰卧胸腰起成坐、身体波浪（复合练习）	身体协调用力，每一个角度都到位
		把杆（单把）	压腿：一位（前、侧、后）	主力腿直膝外开，动力腿外开、直膝，双腿开度90°以上
			站立：五位（压绷脚面）	主力腿直膝外开，双脚趾背交替点地
			蹲：一位、二位、四位、五位	上体直立，双膝外开
			擦地、小踢腿：五位（前、侧、后）	主力腿直立外开，动力腿外开沿地面向远处延伸直至脚尖
			画圈：一位（向后、向前）	双腿直立外开，动力腿向远处延伸，脚尖画圈
			屈伸：五位（前、侧、后）点地	双腿外开，同时做膝关节屈伸，动力腿延伸至脚尖点地
			提踵（起半脚尖）：单脚立（巴塞/阿提秋）	主力腿外开直立到最高点，动力腿有主动控制意识
			踢腿：五位（前、侧、后）	主力腿外开直立，动力腿直膝踢至大于90°
			控腿：前、侧、后	主力腿外开直立，动力腿直膝控至90°
		中间	身体波浪（前、后、侧）	身体协调用力，每一个角度都到位
			平转/单足立转360°	主力腿直立，转体有速度，留头甩头
			踢腿：五位原地、行进间	主力腿直立外开，动力腿外开踢至90°或以上
	舞步	小跳（二位、五位）		双腿外开，空中绷脚尖
		中跳（二位、五位）		充分起跳，双腿外开，有滞空感
		波尔卡舞步		轻松，有弹性
		阿拉贝斯克跳/科萨克跳		充分起跳，动作到位
		大跨跳		充分起跳，空中双腿分开成135°以上
	组合与表演	波浪组合（身体、手臂）		身体协调用力，每一个角度都到位
		芭蕾舞姿组合（阿拉贝斯克组合）		与音乐节拍吻合，按标准和要求完成舞蹈组合
		古典舞身韵组合（古典舞手臂动作与基本步伐）		
		表演训练		—

表24 13～15岁（初中）教学内容、要求与标准

年龄/岁			内容	要求与标准
13～15	舞蹈知识		感悟节拍在音乐中的表现作用，感受不同节拍所表现的情感体验	—
			赏析简单音乐作品，了解乐句、乐段、节奏和旋律	—
			掌握1～2种风格舞蹈律动并初步了解该舞种文化	—
	身体姿态	地面	直腿环动（单腿、双腿向内／外环动）	直膝、绷脚，环动：脚尖画圈
			仰卧弹踢腿（前、侧、后）	抬起屈膝，快速弹直腿大于90°
			仰卧直腿左右交换踢腿（前、后）	快速连续交换踢腿
			仰卧、俯卧控腿（前、侧、后）	直膝、绷脚，大于90°
		把杆（单把）	蹲：一位、二位、四位、五位	上体直立，双膝外开
			擦地、小踢腿：五位（前、侧、后）	主力腿直立外开，动力腿外开沿地面向远处延伸直至脚尖
			画圈：一位（向前、后向）	双腿直立外开，动力腿向远处延伸脚尖画圈
			屈伸：五位（前、侧、后）	双腿外开，同时做膝关节屈伸，动力腿延伸至脚尖，动力腿的高度为45°、90°
			踢腿：五位（前、侧、后）	主力腿外开直立，动力腿直膝踢至大于90°
			控腿：五位（前、侧、后）	主力腿外开直立，动力腿直膝控至大于90°
		中间	四位单足立转／四位阿提秋单足立转	主力腿直膝起踵，身体直立，留头甩头，360°
			踢腿：五位原地、行进间	主力腿外开直立，动力腿直膝踢至大于90°
			控腿（前、侧、后）	主力腿外开直立，动力腿直膝控至45°、90°
	舞步		华尔兹舞步	起伏平缓，舞步流畅
			撕叉跳	充分起跳，空中双腿分开成180°
			横跨跳	充分起跳，空中双腿分开成180°
			双腿屈体分腿跳（横飞燕）	双腿充分起跳，双腿抬至水平线以上，靠近上体
	组合与表演		爵士舞组合	与音乐节拍吻合，按标准和要求完成舞蹈组合
			芭蕾代表性舞蹈组合	
			表演训练	—

表25 15岁以上（高中及以上）教学内容、要求与标准

年龄/岁		内容		要求与标准
15岁以上	舞蹈知识	音乐赏析：了解音乐背景、主题与风格		—
		掌握2～3种风格的舞蹈律动并初步了解该舞种文化		—
	身体姿态	把杆（单把）	蹲：（一位、二位、四位、五位）复合练习	上体直立，双膝外开
			擦地、小踢腿：五位（前、侧、后）复合练习	主力腿直立外开，动力腿外开沿地面向远处延伸至脚尖
			画圈：空中画圈（向前、向后）	双腿直立外开，动力腿向远处延伸至脚尖画圈
			屈伸：五位提踵（前、侧、后）	双腿外开，同时做膝关节屈伸，动力腿延伸至脚尖，动力腿高度90°
			打击：五位（前、侧、后）	主力腿直立，动力腿脚跟快速击打，膝关节外开
			踢腿：五位（前、侧、后接环踢腿）	主力腿外开直立，动力腿直膝踢至大于90°
			控腿：五位（前、侧、后）	主力腿外开直立，动力腿直膝控至大于90°
		中间	阿拉C杠转体/阿提秋转体	主力腿屈伸至直立，起踵，动力腿抬至90°，留头甩头
			踢腿：五位原地、行进间	主力腿外开直立，动力腿直膝踢至大于90°
			控腿：前、侧、后	主力腿外开直立，动力腿直膝控至90°
	舞步	俄罗斯舞步		轻巧，舞步清晰
		剪变身跳		充分起跳，空中双腿分开成180°
		接环跳		双腿充分起跳，空中双腿分开成180°，双手触及后位腿的脚踝处
	组合与表演	中国民族民间舞组合		与音乐节拍吻合，按标准和要求完成舞蹈组合
		现代舞组合		
		表演训练		—

第二部分

中国青少年技巧
教学训练大纲教法指导书

第一章　技巧项目教学训练理论基础

第一节　技巧项目概述

一、技巧项目的内容与分类

按照现行国际体操联合会举行的国际性技巧比赛的项目设置来看，技巧运动有女子双人项目、男子双人项目、男女混合双人项目、女子三人项目和男子四人项目。

按照我国现行的全国性技巧比赛的项目设置来看，技巧运动有女子双人项目、男子双人项目、男女混合双人项目、女子三人项目和男子四人项目，以及男女混合三人项目、男女混合四人项目和大集体项目等。

二、现代技巧运动特征

（1）技巧运动是一项集体操、舞蹈、音乐为一体的体育项目。其项目的本质特征集中体现在运动员将个人天赋及能力巧妙而独特地融入同伴间的接触性技术配合之中。

（2）技巧运动是由翻腾、抛接、平衡、舞蹈等动力性、静力性动作组成的。竞赛项目主要包括女子双人、男子双人、男女混合双人、女子三人和男子四人等五个国际性竞赛项目，以及男女混合三人、男女混合四人、大集体等国内特设竞赛项目。

（3）技巧运动内容丰富，形式多样，运动员可以根据不同年龄、性别、身体条件、训练水平等，选择不同的项目和内容进行练习，技巧运动对增强自我保护，发展灵敏、柔韧、力量等身体素质都具有积极意义。

（4）技巧运动因其具有极强的艺术欣赏性，更适合表演。2016年里约奥运会期间，应国际奥委会和国际体操联合会的共同邀请，我国技巧男子四人组在里约奥运会体操比赛馆的两场表演完美展现了技巧运动的魅力。时任国际体操联合会主席布鲁诺·格兰迪先生称赞这次表演是里约奥运会体操秀最精彩的节目，没有之一！

三、技巧项目教学训练的指导思想和目标

以科学发展观为统领，以着力推进技巧项目全面发展为目标，以"扩大人口、激励参赛，夯实基础、着眼长远，选好苗子、系统培养"为立足点，以人人可练技巧为理念，遵循青少年儿童身心发展规律和技巧项目运动技能形成规律；积极营造有利于各级各类学校和俱乐部参与青少年儿童技巧活动的氛围和环境，促进青少年儿童技巧活动的广泛开展，帮助青少年儿童在技巧锻炼中"享受乐趣、增强体质、健全人格、锤炼意志"；大力创新技巧后备人才培养方式，稳步推进优秀后备人才培养体系建设，努力造就一大批优秀技巧后备人才；拓展和提高技巧后备人才培养的规模及效益，增强技巧项目可持续发展能力，为增强国际竞争力、推进健康中国建设做出积极贡献。

技巧项目教学训练的目标是：育人为本，塑才为基；激发潜质，精心育苗；夯实基础，全面发展；多出人才，为国争光。

四、技巧教练员职业道德规范

（一）师德规范

以德立身、以德立学、以德施教、以德育德；坚持教学与育人相统一、言传与身教相统一；有理想信念、有道德情操、有扎实学识、有仁爱之心。

（二）教学规范

热爱学生、尊重学生；态度和蔼，耐心体贴；深谙技巧特征，熟知教材教法；坚持正面教育，不歧视、不挖苦、不体罚和变相体罚学生，致力于营造一个健康、尊重和安全的技巧教学训练环境。

（三）竞赛规范

熟悉并严守技术规程、反兴奋剂条例、宣传条例、纪律与道德规范和评分规则；尊重所有运动员、教练员、裁判员、官员和观众，举止文明礼貌，遵守人权法、儿童保护法和体育道德规范。

五、国内外技巧运动发展简况与趋势

现代技巧运动起源于欧洲。1973年，国际技巧联合会（IFSA）创立。1974年，在苏联的莫斯科举行了第一届世界技巧锦标赛。1975年，在瑞士举行了第一届世界杯技巧赛。1984年，在瑞士洛桑召开的国际奥委会第91次代表大会上，技巧运动被列入国际奥委会承认项目。1999年起，技巧与竞技体操、艺术体操、蹦床、健美操和大众体操一起归属于国际体操联合会（FIG），从而开启了世界技巧运动发展的新征程。

技巧运动在我国有着悠久的历史，早在3000多年前，华夏大地就出现了技巧造型，这些造型文化底蕴深厚、艺术魅力独特。我国的技巧运动在现代世界技巧发展史上占有重要的地位，为技巧运动的普及与运动技术水平的提高做出了重要的贡献。中华人民共和国的技巧运动自1956年开展以来已走过了60多年的发展历程，截至2019年年底，中国技巧运动员在世界技巧大赛中已获得了366枚奖牌（金牌142枚、银牌121枚、铜牌103枚），率先设计出100多个高难、新颖动作；中国技巧运动员独具艺术魅力的表现和高超的竞技水平赢得了世界各国人民的欢迎和喜爱。

第二节　青少年儿童技巧教学训练相关理论基础

一、青少年儿童身心发展特征

（一）青少年儿童身体发展特征简述

1.身高和体重

身高和体重随着年龄的增长而增长，但生长发育的速度不均衡。生长发育顺序：一般先下肢，后上肢，然后才是躯干。

2. 骨骼系统

青少年儿童软骨组织较多，水分和有机质多，无机质少。因此，骨骼富有弹性，不易骨折，但硬度低，坚固性差，容易变形。关节软骨较厚，关节囊、韧带的伸展性大，所以活动范围大，但牢固性差。

3. 肌肉系统

青少年儿童的肌肉含水分较多，蛋白质和无机质较少，富于弹性，但肌肉力量较弱。大肌肉、上肢肌、屈肌发展较早，小肌肉、下肢肌、伸肌发展较晚。

4. 神经系统

青少年儿童的神经系统是最早发育完善的。因此，与此紧密相关的视觉器官、听觉器官、本体感受器官和协调、灵敏、平衡等能力，都能在青少年儿童时期得到充分发展。注意力不能长时间地集中，易受外界环境的干扰。第一信号系统的活动占主导地位，主要靠直观的形象建立条件反射，以后第二信号系统逐渐发展，抽象思维能力提高。

5. 内脏器官

青少年儿童时期，人体内脏器官的发育还未完善。心跳频率比较快，心肌就比较容易疲劳。呼吸频率比成年人快，呼吸系统也容易疲劳。

（二）青少年儿童心理发展特征简述

1. 心理过程

青少年儿童对外界事物的认识主要是感性认识，即通过人的感觉器官，如眼、耳等本体感觉来进行感知。因此，他们的思维过程主要是形象思维，善于模仿。根据有无目的和意志努力的程度，可以把注意分为无意注意、有意注意、有意后注意。此时期注意力大多为无意注意（无意注意也称不随意注意，是没有预定目的、无须意志努力、不由自主地对一定事物所发生的注意）。与此同时，有意注意开始发展，但是不能坚持，注意带有情绪的色彩，且不易集中。青少年儿童的情绪易波动，还不会像成年人那样控制自己的情绪，喜、怒、哀、乐都会从面部表情上表现出来，并直接影响训练。

2. 个性特点

青少年儿童往往好胜心强，好模仿，兴趣广泛而多样，情绪和情感容易波动，不肯轻易服输，具有一定的自尊心等，但独立性、主动性、坚持性较差，缺乏自制力，往往依靠外界影响才能坚持完成一些工作。

二、青少年儿童技巧教学训练原则

（一）快乐健康原则

快乐原则是指教有教乐，学有学乐，善教善学，其乐融融；健康原则是指要准确把握住技巧教学训练的程序性（诊断、计划、实施、评价与反馈）、阶段性（身心发展规律、动作技能形成规律等）、针对性（人各有异，难求同归）、可行性（教有行，行有效）等。

（二）安全首位原则

安全首位原则是指在技巧教学训练过程中，始终要把安全放在心上，落实在实践中。换句话说，教练员要做到熟知教材的难点与关键，熟知学生的天赋与弱点，熟知教法的把握与运用，熟知课堂的环境与氛围，把安全措施与要求落实到人才培养的全过程之中。

（三）全面发展原则

全面发展原则是指要将育人、增智、强体、健心有机融合在技巧教学训练的全过程之中。换句话说，就是青少年儿童要通过技巧教学训练，学会做人，同时教练员要善于抓住其发展敏感期，实施全方位针对性教育。

（四）普及提高原则

普及原则是指以技巧项目人人都可练、人人都爱练、人人都能练、人人都能练到自己的"极限"为理念，让技巧练习者通过参与技巧训练并从中"享受乐趣、增强体质、健全人格、锤炼意志"。

提高原则是指既要充分激发、调动和挖掘青少年儿童的技巧运动潜质，又要促进其运动技术达到自己的理想水平。简言之，就是青少年儿童要通过技巧训练，达到人尽其才，才尽其用，最终实现梦想。

（五）因材施教原则

人与人的个体差异（年龄、性别、体质状况、个性特征、需求等）是客观存在的，所以在技巧教学训练过程中，教练员必须清晰地了解每一个人的实际情况，并做出扬长避短的教学训练设计，开展有助于促进个人持续发展的教学训练实践活动。

（六）融入教育原则

融入教育原则是指技巧教学训练要积极适应我国各级各类学校教育和社会化教育的需求，主动推动技巧项目融入学校教育和社会机构教育。

第三节　技巧项目安全须知

一、技巧项目安全宣言

技巧是一项很好玩的体育运动项目。中国技巧致力于创设一个绿色、健康、安全、有尊严、有爱心的活动环境；尊重每一名技巧运动参与者的身心健康发展，以及保护每一名参与者在技巧项目训练和比赛全过程中免受不公正待遇；希望为所有青少年儿童搭建开心快乐学习技巧、自信满满展示技巧才能的平台。

为此，每一名技巧活动参与者都必须自觉遵守国际奥委会《运动员权利和责任宣言》（*IOC Athletes' Rights and Responsibilities Declaration*），以及国际体操联合会的相关规定。尊重青少年儿童技巧活动参与者的人权和尊严，任何侵犯青少年儿童身体或智力完整性的行为都是不能容忍的，严禁使用任何兴奋剂，努力为青少年儿童提供健康安全的技巧教学、培训和竞赛方案。

二、技巧项目教学训练的保护与帮助

（一）保护与帮助的意义

技巧动作的显著的特点就在于它的人为设计性。也就是说，这些动作是人们根据技巧各个项目的特点和运动生物力学规律而创造出来的。因此，动作的形式和所需要的运动能力是人们在日常生活中不常遇到的，同时完成这些动作时的身体状态和时空条件又比较复杂。所以，保护与帮助是技巧运动的特点之一，是技巧教学训练中特有的手段，是预防运动损伤必要的安全措施。保护与帮助作为技巧教学训练中特有的手段，不仅能消除练习者的心理障碍，增强学习信心，同时有助于加快学习进程，使练习者尽快建立动作概念，掌握动作技术，提高动作质量。保护与帮助，对于培养练习者相互关心、团结友爱的集体主义精神都有着十分重要的作用。

因此，作为一名技巧教练员必须掌握这一基本技能。

（二）保护与帮助的种类及其常用的方法

在技巧项目教学训练中，保护与帮助的方式、方法很多，并在实践中不断获得改进和创新。保护与帮助的种类及其常用的方法见表26。

表26　保护与帮助的种类及其常用的方法

种类		常用方法
保护	他人保护	运用接、抱、挡、拦等手法，使练习者的运动速度得到减缓或停止，以避免直接撞击器械或地面
	自我保护	利用惯性顺势做屈臂、团身、滚动、滚翻、下蹲等动作，或改变身体姿势、动作性质等方法，及时、果断地运用自我保护的方法以摆脱危险
	利用器械的保护	在练习者完成动作过程中,通过合理利用海绵坑（或沙坑、稻草坑）、不同规格的垫子、各种护具（如护掌、护肘等）等器械设备，以增强练习者完成动作的信心，维护其健康
帮助	直接帮助	主要包括托、拨、提拉、握、搓、顶、挡、扶等手法，引导练习者按照正确的技术要领体验动作的空间感觉与结构特点，加速动作的掌握、改进与技术提高
	间接帮助	借助信号、标志物和限制物等手段，引导练习者尽快掌握动作方向、用力时机与节奏的方法
	利用器械的帮助	借助各种形式和高度的保护凳，保护腰带等器械，以达到帮助练习者更快地建立正确的空间概念、消除心理障碍的目的

1. 保护

保护是指增强练习者的学习信心，维护其身心健康之意。

（1）他人保护。

练习者在完成动作过程中，保护者所给予的心理支持，或是当练习者由于技术不正确或意外而发生危险时，保护者及时采取的安全措施，叫他人保护。

保护者应根据项目的特点、动作的结构特点，以及练习者的实际情况，合理选择站立的位置，始终仔细地观察练习者的完成情况，并充分做好随时保护的思想准备，一旦练习者发生危险，即刻运用接、抱、挡、拦等手法，使其运动速度得到减缓或停止，以避免直接撞击器械或地面。

（2）自我保护。

练习者在完成动作过程中，当由于技术不正确或意外而发生危险时，及时采取的摆脱险情的自救方法，叫自我保护。

练习者在练习过程中如果出现意外，应当保持头脑清醒，并及时、果断地运用自我保护的方法以摆脱危险。另外，在教学过程中应该重视对学生自我保护能力的培养。常用的自我保护方法有以下三种：①及时停止练习或跳下。②利用惯性顺势做屈臂、团身、滚动、滚翻、下蹲等动作，以减缓对地面的冲击力。③改变身体姿势或动作性质。

（3）利用器械的保护。

在练习者完成动作过程中，通过合理利用海绵坑（或沙坑、稻草坑）、不同规格的垫子、各种护具（如护掌、护肘等）等器械设备，以增强练习者完成动作的信心，维护其健康。

2. 帮助

帮助是指练习者通过直接或间接的助力，可以迅速掌握动作技术的一种辅助教学方法。

（1）直接帮助。

帮助者给予练习者直接助力，叫直接帮助。直接帮助的作用在于帮助者通过给予练习者的直接助力，引导其按照正确的技术要领体验动作的空间感觉与结构特点，从而快速地掌握、提高技术。

直接帮助是技巧教学训练中最基本、最简便、最常用的一种帮助方法。它主要包括托、拨、提拉、握、搓、顶、挡、扶等手法。这些手法，既可以单独使用，还可以将几种手法综合使用。在实际运用直接帮助时，应根据不同的动作结构和练习者的实际情况进行选择和使用。

托是一种使身体重心升高的手法。例如，分腿慢起手倒立，就是采用双手托腿的手法。

拨是一种顺势加大翻转速度的手法。例如，助跑团身前空翻，就是采用一手托练习者腹部，另一手拨其背部的手法，帮助其翻转。

提拉是一种增加推撑力量的手法。例如，后滚翻成手倒立，就是采用提拉练习者的小腿的手法。

握是一种固定身体某一部位的手法。例如，双人跪坐直臂手上直角支撑，就是采用双手握练习者的握点的手法。

搓是一种加速身体沿纵轴转体的手法。例如，直体后空翻转体360°，就是采用双手搓练习者髋部的手法，助其转体。

顶是一种通过顶住身体某部位，使其固定或有利于推手，以提高练习者腾空高度或加大动作幅度的方法。例如，后摆成手倒立，就是帮助者采用膝关节顶住练习者肩部的方法。

挡是一种减缓动作用力过大的阻力性手法。例如，踺子后空翻，就是采用一手挡练习者背部的手法，阻止其翻转速度过快。

扶是一种维持动作平衡或落地稳定的手法。帮助者一般不主动给练习者加助力。例如，技巧的俯平衡，就是帮助者采用一手扶练习者的肩部，另一手扶其后举腿的手法。

（2）间接帮助。

帮助者不给练习者直接助力，而是借助信号、标志物和限制物等手段，引导练习者尽快地掌握动作方向、用力时机与节奏的方法，叫间接帮助。

信号有语言、呼声和击掌方式等。使用发信号方式的目的在于指示动作的用力时机和节奏。具体运用时应注意适当提前信号发出的时间。

标志物有绳、竿、球、手帕等醒目的物品。使用标志物的目的在于指出运动的方向、标出动作的幅度或合理的范围，以帮助练习者建立正确的空间概念。

限制物有绳、球、手帕等醒目的物品。使用限制物的目的在于限制动作的范围，以帮助练习者在规定范围内正确完成动作。

（3）利用器械的帮助。

借助各种形式和高度的保护凳、保护腰带等器械设备，以达到帮助练习者更快地建立正确的空间概念、消除心理障碍的目的。

在使用专门的保护帮助器械时，应该注意如下事项：使用前，应认真检查器械，并要做到安全、可靠；使用时，要做到全神贯注，切不可麻痹大意，否则，不但起不到保护与帮助的作用，还可能导致更大伤害事故的发生。

（三）保护与帮助的运用

保护与帮助是技巧教学训练中独特且有效的安全手段。合理地运用保护与帮助，不仅有助于练习者消除心理障碍，增强学习信心，而且能加快动作的学习进程，提高技术规格和动作质量，最后能独立完成动作。

1. 不同教学阶段保护与帮助的运用

根据动作技能形成的规律，每一个技巧动作从初学到独立完成都要经过三个阶段，即粗略掌握动作阶段（泛化阶段）、改进与提高动作阶段（分化阶段）和巩固与运用自如阶段（动力定型阶段）。在不同阶段的教学中，由于教学任务不同，练习者对动作技术的理解和掌握程度的不同，保护与帮助的运用也是不同的，具体见表27。

表27　技巧动作教学训练各阶段的任务及其保护与帮助的运用

教学阶段	泛化阶段	分化阶段	动力定型阶段
教学任务	排除心理障碍，增强学习信心；初步体会动作，取得感性认识；粗略掌握动作技术	强化正确技术；改正错误动作；较好地掌握动作技术	强化动作技能；提高动作质量；技术运用自如
保护与帮助的运用	帮助	帮助向保护过渡	脱保
	助力	直接、间接帮助	他人、自我保护
	信号、标志物帮助	脱帮	自我保护
	利用器械	利用器械、自我保护	利用器械

2. 保护与帮助应遵循的一般原则

（1）保护与帮助相统一的原则。

保护与帮助是两个不同的概念，因此，在教学过程中的侧重点也是不同的。保护是一种安全措施，重在维护练习者的身心健康，防止伤害事故的发生；帮助是一种教学手段，重在加速建立正确的动作概念，缩短教学进程。但是，在实际运用中，保护与帮助是相互依存、不可割裂的。人们常说的"保中有帮，帮中有保"就道出了二者辩证统一的关系。虽然保护不存在任何的助力，但是它对练习者的心理支持实际上包含着一定意义上的帮助。例如，我们在教学中常遇到这样的现象：当保护者做出帮助的姿势时，练习者就能顺利地完成动作，可实际上保护者并没有给其丝毫的助力。另外，帮助又是一种可靠的保护。因此，应正确理解和全面把握保护与帮助的实际内涵，切不可人为地把它们对立起来。

（2）适时脱帮与脱保的原则。

所谓脱帮，是指保护者不给予练习者直接的助力。脱保则是指保护者不出现在练习者旁边，由练习者独立完成动作。教学的最终目标是练习者能够独立地完成训练大纲所规定的各类动作，保护与帮助只是实现教学目标的有效手段。因此，掌握好脱帮与脱保的最佳时机是极其重要的。一般来说，脱帮的时机容易把握，即保护者可以根据助力的程度做出判断。相比之下，脱保的时机则不易把握。因为，在脱保初期练习者往往由于心理状态的变化而引发动作技术的变化，而且动作难度越大、技术越复杂，引发上述变化的可能性就越大。因此，在选择脱保时机时，应注意以下几个方面。

①仔细判断练习者对所学动作的掌握情况。

②统计练习者完成动作的成功率。

③判断练习者完成动作的勇气和信心，意志品质，以及体力状况。

④评估练习者的自我保护能力。

当上述条件基本得到保证时，就可以进行脱保。当不具备上述条件时，切不可盲目脱保，或因一时冲动而脱保，因为这样脱保的结果不仅会破坏动力定型的确立，还可能造成伤害事故。

3. 运用保护与帮助应注意的问题

（1）站位要合理。

站位是指保护者所站立的位置。一般来说，站立的位置应根据各个项目的特点以及所完成的具体动作的结构而定。合理的站位是：既有利于保护与帮助，又不妨碍练习者完成动作。

（2）部位要准确。

部位是指给予助力的作用点。助力的部位应根据具体动作的结构来确定。应以尽可能小的助力发挥出尽可能大的效应为目标来选择助力的部位。

（3）手法要正确。

手法是指助力的方法。

（4）时机要恰当。

时机是指助力作用的时间性。"顺其势，助其力"意在掌握好保护与帮助的时机与力度。把握好时机，是保护与帮助的关键。过早或过晚的助力，不仅会影响动作的完成，还可能造成人为的伤害事故。

（5）助力要适度。

助力是指给予帮助的力量。助力的大小应根据动作技能形成的阶段，练习者的年龄、性别、技术水平、身体素质、心理状态，以及动作的难易程度来确定。一般来说，初学阶段给予的助力要大一些，随着技能的提高，助力也要逐渐减小，直至脱保而独立完成。

（6）重点要突出。

重点是指人体的要害部位和最容易受伤的部位。首先应该避免头颈部直接撞击地面，其次是避免反关节撑地。

（四）对保护与帮助者的要求

保护与帮助作为技巧教师进行技巧教学训练的一项重要的基本技能，不仅需要从理论上加以学习和提高，更需要在实践中不断探索、改进和创新。

1. 要有高度的责任感

保护与帮助既是保证练习者更快地掌握技术动作的有效手段，又是维护其身体健康的有力措施，两项任务并重。因此，要求保护者必须清楚地认识到自己工作所担负的责任，并在保护与帮助过程中始终做到全神贯注、任劳任怨、耐心细致；一旦练习者出现意外，立即救助，以保证其安全。

2. 要钻研动作技术

技巧不仅是一项技术性很强的运动项目，而且其动作形式又具有"人为设计性"的特点。因此，保护者既要掌握技巧动作技术的一般规律，又要钻研不同项目、不同类型动作的技术特点。只有这样才能够把握住具体动作的技术关键，预见不同动作可能发生危险的环节，以及最适宜的站立位置、保护与帮助的部位、运用的手法和助力的时机，等等。

3. 要了解练习者的特点

教学对象依其年龄、性别、身体状况和运动基础等个人情况的不同而表现出不同的特点。一般来说，青少年儿童具有喜爱运动、胆量大、少顾虑等特点；而女生则表现出柔韧性较好，但力量较弱等特点。因此，保护者应全面了解练习者的实际情况，并根据不同的对象，有针对性地选择和运用保护与帮助的方法。

4. 要重视培养教学骨干

对于中小学体育教师来讲，重视和加强教学骨干的培养是一项十分重要的工作。当一名体育教师面对多名学生教学时，一般采用分组教学法，所以"顾此失彼"的现象就会出现。这就要求体育教师必须在各教学组有目的地培养教学骨干，把保护与帮助的方法传授给学生，并在教学实践中加以运用，以达到维护和促进全体学生身心健康的目的。

第二章　技巧项目身体素质训练

技巧项目身体素质训练内容包括一般素质训练和专项素质训练。一般素质包括力量、速度、柔韧、协调与灵敏等；专项素质包括专项力量、平衡和灵巧等。本章只介绍一般素质训练。

第一节　力量素质

一、概述

（一）力量素质的定义

肌肉力量是指肌肉紧张或收缩时对抗阻力的能力。人体的运动几乎都是和对抗阻力有关，有较大的肌肉力量，常常是取得优异运动成绩的基础。

力量素质是指人体神经肌肉系统在工作时克服或对抗阻力的能力。力量素质与其他素质有着极为密切的关系，它也是掌握运动技能和技巧、提高运动成绩的基础。肌肉工作时以收缩产生的拉力克服阻力。肌肉工作所克服的阻力包括外部和内部两种类型。外部阻力，如物体重量、摩擦力以及空气的阻力等；内部阻力，如肌肉的黏滞性、各肌肉间的对抗力等。

（二）力量素质的分类

力量素质根据其与运动专项的关系，可分为一般力量与专项力量；根据其与运动员体重的关系，可分为绝对力量与相对力量；根据不同体育活动所需力量素质的不同特点，可分为最大力量、快速力量和力量耐力。

（三）力量素质的解剖学基础

1. 肌肉的生理横断面

一块肌肉的力量取决于这块肌肉全部肌纤维收缩力量的总和。肌肉所含肌纤维的多少，通常用生理横断面面积作为指标。

肌肉的生理横断面面积是指肌肉所有肌纤维横断面面积的总和。肌肉的生理横断面面积取决于肌纤维数量、每条肌纤维的横径和肌纤维的排列方向。在其他条件相同的情况下，肌肉的生理横断面面积越大，包含的肌纤维也越多，肌肉收缩产生的力量也就越大。

2. 肌肉的初长度

肌肉收缩前的长度，即开始收缩时的长度，叫作肌肉的初长度。在一定的生理范围内，使肌肉的初长度适当加大，就能增大肌肉收缩的力量。这是因为：首先，加大了肌肉的作用幅度，可提高肌肉收缩的加速度，根据牛顿第二运动定律的原理，加速度越大，力量越大；其次，预先拉长肌肉，刺激肌梭，引起牵张反射，可反射性地增加肌肉收缩力量；最后，预先拉长肌肉能增加肌肉的预张力，即反抗形变的内聚力，也就是弹性力，从而增大肌肉的收缩力。

3. 关节的运动角度

同一块肌肉在关节的不同运动角度产生的力量不同，这是由于在关节的不同运动角度肌肉对骨的牵拉角度不同。例如，当肘关节角度为115°~120°时，肱二头肌对前臂产生的拉力最大；当肘关节角度小于115°或大于120°时，拉力均减小；当肘关节角度为30°时，拉力最小。因此，在发展某一专项力量时，相应的关节角度必须调整到能发挥出最大力量的角度。

（四）力量素质的生理生化基础

1. 肌纤维类型

肌纤维按照其收缩的特征可分为快肌纤维和慢肌纤维。快肌纤维较慢肌纤维能产生更大的力量，人体肌肉中快肌纤维的横断面面积和百分比较高的人，其肌肉收缩力量也较大；但是在两个因素中，快肌纤维的横断面面积对力量的影响更大。

2. 肌肉生化成分的适应变化

在力量训练过程中，肌肉会产生生物化学方面的变化，如肌红蛋白含量增加，肌肉的贮氧能力得到提高，肌糖原、磷酸肌酸的含量增加等，为肌肉收缩提供更充足的能源，从而增大肌肉收缩力量。

3. 运动中枢的机能状态

力量训练可以使运动中枢的机能得到改善，表现为运动中枢能够产生强而集中的兴奋过程，发放同步的高频率兴奋冲动，募集更多的运动单位参与工作，在同一块肌肉中参与活动的运动单位越多，肌肉收缩的力量也就越大。

力量训练还可以改善神经中枢的协调能力，经过长期的力量训练，支配肌群的神经中枢能够准确而及时地兴奋或抑制，可以使主动肌与协同肌、固定肌的协调收缩能力和对抗肌放松的能力增强，从而使动作更加协调，力量增大。肌肉收缩与舒张的高度协调有利于充分发挥肌肉力量。

二、力量素质训练方法

（一）力量素质训练的基本方法

1. 动力性等张收缩训练

人体相应环节运动，肌肉张力不变，改变长度产生收缩力克服阻力的训练称为动力性等张收缩训练。它有两种工作形式：向心收缩和离心收缩。

（1）向心收缩。

肌肉在做动力性向心收缩时，肌肉长度逐渐缩短，所产生的张力随着关节角度的变化而改变。练习时，根据专项运动的需要，掌握好发挥最大肌肉力量的关节角度，可以得到事半功倍的效果。

（2）离心收缩。

肌肉离心收缩是指肌肉在紧张状态中逐渐被外力拉长，即肌肉的起止点彼此向分离方向移动。如用杠铃做的双臂弯举中，在手臂积极用力将杠铃往上举起后，再用手抵抗回降动作慢慢地将杠铃放下。

与向心工作相比，离心工作能克服更大的阻力，更有效地发展"制动力量"。做离心收缩练习时，动作要慢，所需时间应比向心收缩的时间长1倍左右。

2. 静力性等长收缩训练

在身体固定姿态下，肢体环节固定，肌肉长度不变，改变张力克服阻力的练习方法，称为静力性等长收缩训练。

当肌肉做静力性等长收缩时，可以动员更多的肌纤维参与工作，表现出的力量大，力量增长也快，并节省练习时间。但是由于肌肉紧张，血管封闭，肌肉中血液循环可发生不同程度的暂时中断，因而工作不能持久。运动员在完成静力性练习时常常憋气，憋气有利于运动员表现出最大力量。静力性练习的时间不宜过长，而且应该与动力性练习结合起来，动力性练习和静力性练习可以按照1∶5的比例进行。

3. 等动收缩训练

等动收缩训练是由美国李斯特尔等人于1967年创立的。等动收缩训练须在特制的等动练习器上进行，练习时，肢体动作速度保持不变，肌肉始终发挥较大张力完成练习，等动练习集等长和等张之所长，有利于最大力量的增长。

4. 超等长收缩训练

在进行超等长收缩训练时，先使肌肉做离心收缩，然后做向心收缩，其原理是利用肌肉的弹性，通过牵张反射，从而加大肌肉收缩的力量，如跳深等练习。超等长练习和其他力量练习相比，更接近比赛时人体的运动形式，肌肉发力突然，技术结构相似，力量传递速度快，因而可以得到更好的锻炼效果。

（二）力量素质训练的主要手段

1. 负重抗阻练习

通过运用杠铃、哑铃、壶铃等器械，以加大练习者的负重，从而加大运动负荷，这是负重训练最常用的方法。

2. 对抗性练习

通过双人顶、推、拉等运动形式，依靠对抗双方以短暂的静力作用发展力量素质。对抗性练习既不需要使用任何训练器械及设备，又可以引起练习者的兴趣。

3. 克服弹性物体的练习

克服弹性物体的练习，如使用拉力器、橡皮带等，依靠弹性物体形变产生的阻力来提高力量素质。

4. 利用力量训练器械的练习

利用力量训练器械，可以使身体以各种不同的姿势（或坐，或卧，或立）进行练习，可直接发展运动时所需的肌肉力量，使锻炼具有针对性。

5. 克服外界环境阻力的练习

克服外界环境阻力的练习，如沙地和草地跑、跳练习等。做这种练习往往在动作结束阶段所用的力量较大，每次练习要求不用全力，动作要轻快。

6. 克服自身重力的练习

克服自身重力的练习，如引体向上、倒立推起、纵跳等。这类练习均由四肢的远端支撑完成，迫使机体局部承受体重，使机体局部的力量得到发展。

（三）力量素质训练时应注意的事项

力量素质发展水平是影响身体训练水平的关键因素。在实施发展力量素质过程中，能够做到优化控制，可取得事半功倍的效果，但必须注意如下几点。

1. 力量素质的发展要全面而又有重点

在发展力量素质的过程中，一方面应使四肢、腰、腹、背、臀等部位的大肌群和主要肌群得到锻炼、提高；另一方面也要注意发展小肌群的力量。因为技巧运动中的许多动作是复杂的，需要身体各部位大小不同的肌群协同工作才能完成，即使发展不同类型的力量素质也并不意味着能面面俱到，平均发展，应该在全面发展的基础上针对项目特点而有所侧重。

2. 紧密结合技巧项目特点安排力量训练，注意正确的技术动作规格

不同技巧项目的动作有各自不同的技术结构，因此，做动作时动用的肌肉力量类型也不同。每一个力量练习动作，都有相应的技术规格要求，运动员只有按照技术规格要求去操作，才能够发展肌群的力量。否则，技术动作变了样，参与活动的肌群也就有所改变，就势必影响力量训练的效果。比如，做深蹲练习，正确的动作要求挺胸直腰，腰背肌收紧以固定脊柱，主要依靠膝关节的屈伸，同时也伴随着髋关节的屈伸来完成动作。这样既安全可靠，又能保证膝关节周围肌群力量得到很好的发展。可是很多练习者往往弓腰练习深蹲，尤其是当站不起来时，腰弓得更加厉害，这样就比较容易造成腰部损伤。

3. 进行力量练习时，要全神贯注，念动一致，注意安全

肌肉活动总是在中枢神经系统的调节下进行的，练习时要全神贯注。练习

到哪里就想到哪里，使意念与练习动作紧密配合。这样有助于肌肉力量得到更好的发展。特别是进行大负荷练习时，不能说说笑笑，注意力应高度集中，否则容易受伤。此外，应注意加强自我保护和相互保护，尤其在举或肩负极限重量时，更应该注意加强相互保护。

4. 进行力量练习时，要掌握正确的呼吸方法

憋气有利于固定胸廓，提高腰背肌紧张程度，因为可提高练习时的力量，所以极限用力往往要在憋气的情况下进行。当然，用力憋气会引起胸廓内压力的增加，使动脉的血液循环受阻，而导致短暂性脑缺血发作，甚至产生休克。为了避免产生不良后果，力量练习时必须注意以下几点。

（1）当最大用力的时间很短，尤其在重复做用力不是很大的练习时，应尽量不憋气。

（2）避免用憋气来完成练习。对刚开始训练的人，所给予的极限和次极限用力的练习不要太多，并让其学会在练习过程中完成呼吸。

（3）在完成力量练习前不应做最深的吸气，因为力量练习时间短暂，吸的气并不会立即在练习中产生作用，相反，深度吸气增加了胸廓内的压力，此时如果再憋气就可能产生不良反应。

（4）用狭窄的声带进行呼气，也可达到与憋气同样的效果。因此，做最大用力时可采用慢呼气来协助最大用力练习的完成。

5. 训练中要采用大负荷与循序递增负荷的方法

大负荷是指训练的负荷强度和训练重量，一般要采用人体所能承受的最大负荷或接近最大负荷进行训练。因为采用大负荷能迫使肌肉进行最大收缩，能刺激人体产生一系列的生理适应性变化，从而导致肌肉力量的增加。为了达到大负荷，训练时无疑要保持较大的强度，或者要保持较多的数量（次数或组次）。当力量增长后，就必须循序渐进递增负荷。

6. 练习时要使肌肉充分拉长和收缩，练习后要充分放松肌肉

每次练习时应使肌肉充分伸展拉长，然后再收缩，动作幅度要大，这是因为肌纤维被拉长后可以增大收缩力量，同时又可以保持肌肉良好的弹性和收缩速度。力量训练后肌肉常常会充血，胀得很僵硬，这时应该做一些与力量练习动作相反的拉长动作，或者做些按摩、抖动，使肌肉充分放松，这样既可以快速恢复，又有助于保持肌肉良好的弹性和收缩速度。

7. 力量素质训练要系统科学安排，不间断

科学研究表明，力量增长得快，停止训练后消退得也快。如果停止了力量训练，已获得的力量将会按增长速度的1/3消退。通过训练获得的力量，停止训练后虽然会逐渐消退，但一部分力量会保持很久，甚至会永远保持。发展力量素质的训练不宜在疲劳的状态下进行，这种状态下的练习不是发展力量素质，而是发展耐力素质。实验证明：刚开始进行力量训练的人，每周3次课要比1～2次课或5次课的效果更好。

8. 青少年儿童力量训练的基本要求

掌握青少年儿童力量发展的趋势，以便科学地安排力量训练。男生绝对力量自然增长的敏感期为11～13岁，而后增长速度缓慢，到25岁左右达到最大。女生10～13岁绝对力量增长很快，到20岁左右可以达到最大。

青少年儿童骨骼系统中软组织多，骨组织内的水分和有机质较多，无机质少，骨骼弹性好，不易折断；但坚固性差，易弯曲，因此青少年儿童不可以进行大强度的力量锻炼。可以通过小负荷、多次数的练习发展力量素质，如俯卧撑、仰卧起坐、反复蹲起等练习，使全身肌肉得到发展，增加肌肉中毛细血管和肌红蛋白的数量，改进输氧功能。

青少年儿童力量训练应以动力性练习为主，静力性练习为辅，特别要尽量避免出现憋气动作，以免使胸膜腔内压发生变化而影响心脏的正常发育。不要过早强调与项目的结合，应着重于身体全面发展的力量训练。

三、身体各部位肌肉练习

在进行力量练习前，做充分的伸展练习能够增加关节和肌肉的活动幅度以防止受伤，而在力量练习后，进行伸展练习则能够缓解肌肉紧张，减少酸痛，有利于恢复。力量练习应采用慢跑、伸展运动和小重量练习作为准备活动，使血液流向需要的肌群。如果天气寒冷，或者肌肉的酸痛感还未消失，就需要更加充分地做准备活动。以下是针对不同身体部位的力量练习的方法。

（一）躯干

1. 仰卧起坐

目的： 发展腹部肌群力量。

方法： 双脚支撑地面，仰卧在瑞士球上（图1），然后抬上体至与地面垂直，再慢慢后倒成开始姿势。起坐动作速度要快，下卧时动作速度要慢。如果要加大难度，可以在动作过程中手持器械，或扭转躯干，或手持弹力绳进行牵拉（图2至图4）。

要求： 仰卧时背部紧贴在球上；动作过程中颈部保持正直，收紧下颌。

图1　　　　　　　　　图2

图3　　　　　　　　　图4

2. 双手抱球体侧起

目的： 发展躯干两侧肌群力量。

方法： 一侧髋部支撑侧卧在瑞士球上，双脚贴地前后分开，位于下方的腿在前，双臂抱胸或胸前持实心球侧起。见图5。

要求： 侧卧时躯干充分伸展并贴在瑞士球上，动作过程中颈部保持正直。

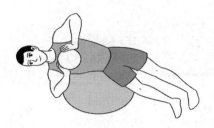

图5

3. 收腹举腿

目的： 发展髋部和腹部肌群力量和爆发力。

方法： 躺在倾斜的木板上，腰部、背部支撑身体，双手抓紧木板上端，收腹举腿，翻臀，脚尖超过头部。重复练习。见图6。

要求： 当骨盆和下肢抬起到最高点时，保持3秒。

图6

4. 仰卧两头起

目的： 发展腹部肌群力量和爆发力。

方法： 仰卧在垫子上，身体充分伸展，双臂贴在头两侧伸直（图7）。主要用腹部肌群力量做快速屈体动作，手触脚尖（图8）。如果要加大难度，可以采用双手和双脚夹球接力的方式（图9、图10）。

要求： 四肢充分伸直，快速完成动作。

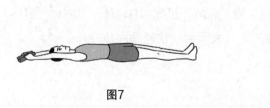

图7　　　　　　　　　　　　图8

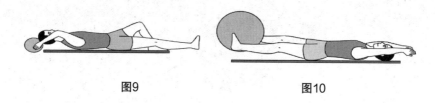

图9   图10

5. 俯卧背屈伸（俯卧两头起）

目的： 发展背部、臀部和大腿后部肌群力量。

方法： 俯卧在瑞士球上，双手支撑地面，双脚离地。头部和颈部保持自然姿势，提起双脚与躯干成一条直线。进阶姿势见图11至图13。

要求： 将背部和下肢作为一个整体进行练习，在伸展膝关节、髋关节前挤压瑞士球。

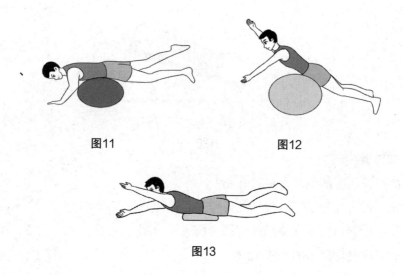

图11   图12

图13

6. 仰卧转体

目的： 发展腹部和躯干两侧肌群力量和爆发力。

方法： 仰卧在瑞士球上，臀部和大腿后侧支撑体重，采取适宜方式固定双脚。双手（持实心球、杠铃杆等器械）抱于胸前，起身左右转体。见图14、图15。

要求： 以腹部和腰部发力为主，大幅度、快速地完成动作。

图14   图15

7. 仰卧脚夹球转髋

目的：发展转体和转髋的肌群力量，以及腿部内收肌群的力量。

方法：仰卧于地面，双臂向体侧方向伸展。屈膝90°夹住瑞士球进行左右方向的转动（图16）。如果要加大难度，可以伸直双腿，用脚夹住实心球进行左右方向的转动练习。

要求：开始练习时动作速度不宜过快，肩部和背部必须贴在地面上。

图16

（二）胸部和肩部

1. 仰卧上推哑铃或杠铃

目的：发展胸部、肩部肌群力量，以及身体的平衡能力和稳定性。

方法：先坐在瑞士球上，向前移步成仰卧姿势，头枕在球上，上背部支撑，双脚着地。连续上推哑铃或杠铃。见图17、图18。

要求：双脚间距离与肩同宽，将哑铃推举到眼睛的垂直上方。

图17   图18

2. 纵向飞鸟（双臂连续经侧举至上举）

目的： 发展肩上部肌群力量和爆发力。

方法： 双手掌心向内，持握哑铃于体侧，坐在瑞士球上（图19）。向体侧直臂提起哑铃至头顶，然后沿原路线返回。如果要加大难度，可以跪立在瑞士球上完成动作（图20）。

要求： 上体保持正直，双臂同时完成动作。

图19   图20

3. 双球支撑扩胸

目的： 发展胸部、肩部肌群力量，以及身体支撑能力和稳定性。

方法： 把两个瑞士球左右相邻放在地上，俯卧，两前臂分别放在两个瑞士球上支撑。将两球向外侧滚动，打开双臂，直到自己能够控制的最大动作幅度。收回双臂，将球滚回原位置。见图21。

要求： 身体完全伸直。肩部有损伤时勿做此练习。

图21

4. 滑动俯卧撑

目的： 发展胸部、肩部肌群力量，以及身体稳定性。

方法： 将髋部压在瑞士球上，双臂撑地前行。身体在球上前移成俯卧姿势，小腿前部在球上支撑（图22）。做一个俯卧撑动作，再用手"走路"退回到开始姿势（图23）。重复练习。如果要加大难度，可以在俯卧撑时提起一条腿，或用单手做动作。

要求： 在做动作的过程中身体保持完全伸直姿势。

图22   图23

5. 传接实心球

目的： 发展肩部、腰部、髋部肌群力量和爆发力。

方法： 练习者与同伴平行站立，稍微屈膝，两人间距3～4米，双手持实心球于身体外侧，进行连续传接球的练习。见图24。

如果要加大难度，可以增加实心球的重量，拉大两人间距或跪在瑞士球上进行传接球的练习。见图25。

要求： 以腰部和髋部转动发力带动肩部发力。

图24

图25

6. 俯卧提转哑铃

目的：发展肩部、臀部肌群力量和爆发力。

方法：将球垫在胸部，身体完全伸直。双手持哑铃，上臂外展，前臂垂直向下（图26）。提拉上臂，当上臂达到水平姿势时，前臂外旋，进一步提升哑铃高度。

图26

要求：当哑铃提拉到最大高度时，保持1～2秒。

7. 侧卧挥哑铃

目的：发展肩部、臀部和上背部肌群力量和爆发力。

方法：将瑞士球垫在一侧腋窝下，身体完全伸直。前后分腿，侧放于地面，位于下方的腿在后（图27）。上侧手臂持哑铃充分伸展，由身体侧面向上挥动哑铃。

要求：保持身体在球上的平衡。当持哑铃手臂挥至最高处时，保持1～2秒。

图27

8. 引体向上

目的：发展肩部和臂部肌群力量和爆发力。

方法：双手正握单杠，握距约与肩同宽（图28）。肩部肌群发力，屈肘，向上拉引身体，使下颌接触单杠。

要求：动作过程中身体完全伸直，尽量用肩、臂力量完成动作。

图28

9. 头上传接实心球

目的：发展肩部、臂部肌群力量和爆发力。

方法：练习者与同伴相对站立，若无同伴，可站在一面平整的墙对面，保持适当距离。微微屈膝，双手持实心球，进行连续传接球练习（图29）。如果要加大难度，可以降低身体重心，增加实心球的重量，增加两人间距或人与墙面的距离。

要求：双臂接球引至头上、身后位置。

图29

（三）上肢

1. 侧卧屈肘

目的：发展上臂前部肌群力量。

方法：手持一个较重的哑铃，其重量能够使人在屈肘时在球上前后移动。侧卧在瑞士球上，并固定练习臂，充分伸展练习臂后进行屈肘练习。

要求：伸展练习臂时人随球滚动前移，需要几秒钟完成伸展动作。在身体后移过程中完成屈肘。

2. 仰卧屈伸臂

目的：发展上臂后部肌群力量。

方法：双手持哑铃，仰卧在瑞士球上，双臂向上伸直。保持前臂固定，下降哑铃至胸前。双手同时或交替进行屈肘练习，见图30。

图30

要求：伸臂过程中前臂与地面垂直。背部贴紧瑞士球。

3. 瑞士球俯卧撑

目的：发展上臂后部、肩部和胸部肌群力量。

方法：双脚前脚掌撑地，双手撑在瑞士球上，身体成一条斜线（图31）；屈肘，使前臂"包"在球上，然后撑起身体。重复练习。

如果要加大难度，可以将双腿的小腿前部支撑在瑞士球上，双手支撑在地面上（图32）；可以将双腿的小腿前部支撑在瑞士球上，双手支撑在滑板上（图33）；可以将双脚前脚掌撑于地面，双臂伸直撑于波速球上（图34）。

要求：以肘部下降引导身体下降；全身充分伸展，保持平衡。

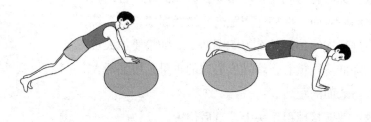

图31　　　　　　　　　　　　图32

图33   图34

（四）髋部和下肢

1. 俯卧脚腿拉球

目的： 发展下腹部和屈髋肌群力量。

方法： 以俯卧撑的姿势开始，小腿前部放在瑞士球上（图35）。屈髋、屈膝，用小腿前部和脚的力量向躯干部位拉球。如果要加大难度，可以将一条腿提起悬空，用另外一条腿完成练习。

要求： 身体充分伸展，成一条直线。

图35

2. 仰卧腿拉球

目的： 发展伸髋、大腿后部和屈膝肌群力量。

方法： 仰卧于地面，脚跟放在瑞士球上，双臂向体侧伸展维持平衡（图36）。向上顶髋，使臀部离开地面，当踝关节、膝关节、髋关节成一条直线时屈膝收腿。

如果要加大难度，可以使用更大的瑞士球，或将双臂靠近身体。

要求： 髋部尽量往上顶，球拉得离上体越近越好。

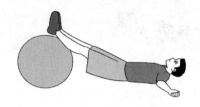

图36

4. 靠墙单腿下蹲

目的： 发展髋部和腿部力量。

方法： 背靠墙站立，在腰部和墙之间放一个瑞士球。单脚支撑靠墙下蹲，屈膝90°保持2分钟，再站起，换腿，重复这个练习。见图37。如果要加大难度，可以双手持哑铃。

要求： 以脚跟支撑体重，球在背部滚动时仰头，眼睛平视前方。

图37

5. 连续跳跃

目的： 发展大腿前部、后部肌群力量，小腿肌群力量和踝关节的稳定性。

方法： 可以用跳圈或跳绳方式进行单腿或双腿向前跳、向上跳和向左右跳等。见图38至图41。

要求： 上体正直，蹬地有力，动作连贯。

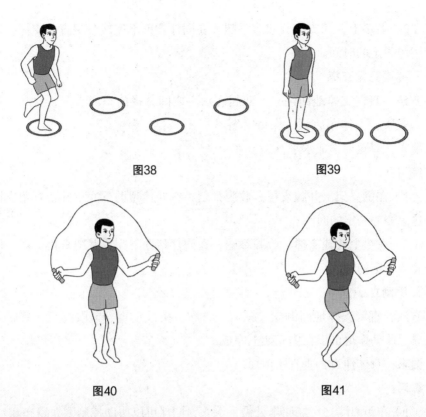

图38　　　　　　　　　　　　　　图39

图40　　　　　　　　　　　　　　图41

四、专项力量练习

专项力量练习的主要内容有：分腿直角支撑、并腿直角支撑、手倒立、分腿提倒立、重叠握分腿提倒立、压倒立、推倒立、水平支撑（背水平）等动作。专项力量练习的目的是提高专项动作的腰腹肌肉持续收缩的平衡能力。以下主要介绍专项力量练习的方法。

1. 分腿直角支撑

方法：直臂支撑地面倒立，并腿举成水平（与上体成直角）后分腿，含胸、头颈正直、收腹，保持平衡。

要求：双腿外分腿前举成水平。

练习：

（1）在倒立架上分腿支撑，收腹举腿，在同伴帮助下完成分腿直角支撑，保持这个姿势一定的时间。

（2）在垫上分腿支撑，收腹举腿，在同伴帮助下完成分腿直角支撑，保持这个姿势一定的时间。

2. 并腿直角支撑

方法：直臂支撑地面倒立，双腿在双手之间并拢前举成水平，含胸、头颈正直、收腹，上体稍后倾，保持平衡。

要求：双腿前举成水平。

练习：

（1）在倒立架上并腿支撑，收腹举腿，在同伴帮助下完成并腿直角支撑，保持这个姿势一定的时间。

（2）在垫上并腿支撑，收腹举腿，在同伴帮助下完成并腿直角支撑，保持这个姿势一定的时间。

3. 手倒立

方法：直臂支撑地面倒立，锁肩、含胸、头颈正直、紧腰收腹，并腿向上成直立。此动作也可以在倒立架上完成。

要求：身体伸直，垂直于地面。

练习：

（1）在距离墙15～20厘米处做手倒立，同伴可以协助控制倒立姿态。

（2）在倒立架上做手倒立，同伴可以协助。

4. 分腿提倒立

方法：从直角支撑开始，含胸、头颈正直、紧腰收腹，上体前倾向上提臂，同时向两侧分腿至并腿成倒立。

要求：分腿匀速慢起。

练习：同伴站在练习者的前面，双手扶练习者臀部两侧，协助其分腿慢起成倒立。此动作也可以在倒立架上完成。

5. 重叠握分腿提倒立

方法：双手重叠在一个支撑点上，做分腿提倒立动作。

要求：分腿匀速慢起。

练习：练习者双手重叠在一个支撑点上，同伴站在练习者的前面，双手扶练习者臀部两侧，协助其分腿慢起成倒立。此动作也可以在倒立架上完成。

6. 压倒立

方法： 从倒立开始，直臂上体前移，身体下落成水平支撑——压上成倒立。

要求： 匀速做身体下压动作，上起速度要快。

练习： 同伴站在练习者的一侧，一手扶肩，一手托大腿帮助其上起成倒立。

7. 推倒立

方法： 先在体操凳上做倒立，屈臂下落，含胸、头颈正直、屈髋，双臂推伸，提臂上起成倒立。此动作也可以在倒立架上完成。

要求： 匀速做屈臂下落动作，推起速度要快。

练习： 同伴站在练习者的前面或后面，双手扶练习者臀部两侧，上起时向上托起协助其完成动作。

8. 水平支撑（背水平）

方法： 直臂支撑，含胸、头颈正直、紧腰收腹，身体前倾，下肢与上肢成一条直线，双腿分开或并拢均可。此动作也可以在倒立架上完成。

要求： 双臂支撑，身体成水平。

练习： 反复练习压倒立动作。

五、力量素质的评定

测量与评定力量素质的方法和评价标准请依据《中国青少年技巧教学训练大纲》中的评价标准。

第二节　速度素质

速度素质是指人体在短时间内快速运动的能力，是运动员的重要素质之一。通过学习和练习，运动员可以了解并掌握速度素质锻炼的方法与手段；掌握速度素质提高的技巧及在训练过程中的注意事项。

一、概述

（一）速度素质对体能发展的作用

速度素质是指人体在短时间内快速运动的能力，是运动员的重要运动素质之一。良好的速度素质对其他运动素质的发展有着积极的影响，有助于运动员更好地掌握合理而有效的运动技巧。

速度是完成各种运动技能以及完成各种运动技术的基础。有些运动项目本身比的就是快速运动的能力（如100米短跑），有些运动项目本身虽不是比速度，但速度对运动成绩有着直接的影响，如乒乓球运动员的反应速度、篮球运动员的快速起动和冲刺奔跑能力等。

速度练习能够促进多种身体素质的发展，对正在成长的青少年来说，是发展灵敏、协调、爆发力等素质的良好手段。发展速度素质能够提高大脑皮层兴奋与抑制过程转换的灵活性。动作速度和移动速度具有快速、爆发、瞬间完成的特点，是一种综合能力的表现。速度练习强度大，持续时间短，因此可以提高人体在缺氧状态下的工作能力。速度练习可以使运动器官功能得到增强，特别是增强肌肉的力量和弹性，只有肌肉有力量才有可能使肌肉快速收缩发挥出快速完成动作的能力。肌肉弹性好，就能在肌肉收缩前充分拉长，使其产生爆发性收缩，在一定范围内肌肉拉得越长，则收缩速度越快，力量越大。

（二）速度素质的分类

速度素质包括反应速度、动作速度和移动速度。

1. 反应速度

反应速度是指人体对各种信号刺激的快速应答能力。如短跑运动员从听到发令枪声到起动的时间，球类和击剑运动员在瞬间变化情况下做出反应的快慢等。运动员反应速度的快慢，取决于信号通过反射弧所需的时间，即反应时的长短。反应时越长，反应速度越慢；反应时越短，反应速度越快。另外，反应时还与刺激信号的强度以及注意力的方向性有关。反应速度受遗传因素影响较大，遗传率超过75%，后天的训练只是把遗传因素决定的反应速度表现出来，并稳定下来。

2. 动作速度

动作速度是指人体或人体的某一部分快速完成单个动作或成套动作的能力，通常用时间的长短表示。如投掷运动员掷出器械的速度、跳跃运动员的踏跳速度、排球运动员的扣球速度等。动作速度还可以通过单位时间内所完成动作的数量予以衡量，数量多则动作速度快，数量少则动作速度慢。在技术动作中，动作速度还与准备状态、动作熟练程度、协调性、快速力量及速度耐力水平有关。

3. 移动速度

移动速度是指在周期性运动中，单位时间内人体快速位移的能力。从物理学上来讲，移动速度是表示物体运动快慢的物理量，它是距离（s）与通过该距离所需要的时间（t）之比，可用公式 $v=s/t$ 表示。在体育运动中，常常以人体通过固定距离所用的时间来表示，如短跑运动员的跑速、跳高运动员的助跑速度等。在技术动作中，移动速度可分为平均速度、加速度和最高速度。移动速度与步长、步频及两者的比例，以及肌肉放松能力、运动技能巩固程度等有关。移动速度受步长与步频影响，两者的乘积就是跑的速度。

以上三种速度素质既有区别又有联系，运动员在大多数项目中所表现出来的速度素质，都是这三种表现形式的综合体现。反应速度快，动作速度和移动速度并不一定快，而动作速度和移动速度快，反应速度也不一定快。

二、提高速度素质的方法与手段

通过科学的方法与手段来提高运动员的速度素质，对发展运动员的快速运动能力有积极的意义。

（一）提高反应速度的方法与手段

1. 信号刺激反应法

信号刺激反应法即通过对各种突然发生的信号（声音、光、手势等）做出反应完成各种动作的方法。这种方法可以提高练习者对简单信号的反应能力，适合初学者和短跑项目练习者进行训练。

（1）看手势或其他信号做3米、6米、9米正面或转身跑。预备姿势可以是站立式也可以是坐姿、跑姿或卧姿。

（2）运用视觉和听觉信号，做出各种快速起动、冲刺、移动变向、急停和跳跃练习。

（3）各种距离各种方式看手势起跑及冲刺比赛。比如：绕过后面的队员做冲刺跑；绕过前面的队员做冲刺跑；绕过前面的队员，再踏起跑线后做转身冲刺跑；前面的队员绕过后面的队员一圈后，后面的队员接力起跑冲刺；后面的队员绕过前面的队员后，前面的队员起跑冲刺；等等。

2.反应性游戏

（1）两人拍击。

两人面对面站立，听到开始口令后，设法拍击对方背部，而又不被对方击中。在规定时间内（每次1分钟左右），拍击对手次数多者为胜。

（2）反应起跳。

练习者围圈面向圈内站立，圈内站1～2人，站在圆心附近手持小树枝或小竹竿（竿长超过圈半径）。游戏开始，持竿者用竹竿在站圈人脚下画圆，竿经谁脚下谁即起跳，不让竿打到脚，被打到的即进圈换持竿者。持竿者可突然变换画圆方向，以训练练习者反应能力。

（3）"猎人"与"野鸭"。

把游戏者分成"猎人"和"野鸭"两队。"猎人"站成一个圆圈，互相间隔双臂长，"猎人"脚前画一个大圆圈（圈的大小根据人数的多少而定），"野鸭"站圈内。1～2名"猎人"手持排球，在圈外用球掷"野鸭"，"野鸭"在圈内闪避来球，被击中的"野鸭"退出游戏，不能击"野鸭"头部。"猎人"可以用传球袭击"野鸭"，直至"野鸭"打尽，互换角色。

（4）追逐游戏。

两队相距2米，面对面站立，根据教练员规定哪队是单数，哪队是双数（或其他信号），听教练员口令发出是单数还是双数（教练员叫一个数字），按事先的规定（叫到单数，单数跑或追），一队跑一队追，在15～20米距离内追上为胜，追不上为败。

（5）起动追拍。

两人一组，前后相距2～3米慢跑，听到信号开始加速跑，后者追前者，追上并拍击前者背部就停止，要求在20米内追上有效。也可在追赶时，教练员发出第二个信号，让被追者转身追赶。

（6）抢球游戏。

用实心球围成一个圆圈，球数比练习人数少1个。游戏开始，练习者绕球圈慢跑，听到信号后每个练习者就近抢球，没有抢到球者被淘汰，并去掉一球继续进行，每一轮成功者得1分，得分多者为胜。

3. 反应练习

（1）听口令做对应的相反动作。教练员叫立正，练习者做稍息；教练员叫向左转，练习者做向右转；等等。

（2）听到信号后起动加速跑。慢跑中听到信号后加速跑10米。

（3）小步跑、高抬腿跑接起动加速跑。做原地或行进间的小步跑或高抬腿跑，听到信号后加速跑10～20米。

（4）俯撑起跑。从俯撑开始，听到信号后迅速收腿起跑10～20米。

（5）转身起跑。背对前进方向站立，听到信号后迅速转体180°，加速跑20米。

（6）听信号变速快跑。用慢跑或其他行进方式移动，听到信号后即起动快跑10～20米。

以上练习一般每组练习2～3次，重复练习2～3组，组间休息5～7分钟。

（7）听枪声或口令跑20米，可利用蹲踞式或站立式起跑方式。练习组数及每组练习次数根据运动员水平而定，组间休息5～8分钟。

（8）反应突变练习。练习者听信号做各种滑步、上步、交叉步等移动、转身、急停、接球、上步垫球等练习。

（9）听信号做不同的专项练习。

（10）接传不同方向的来球。几人从不同方向依次给一名练习者传球，练习者接不同方向的来球。

（11）抢接球练习。几名练习者站成一排，教练员在其身后向前抛球，练习者见球后快速起动抢接球。

（12）截断球。教练员向不同方向传球，练习者随时起动断球。

（13）利用电子反应器进行练习。根据不同的信号灯，用手或脚压电扣，计反应时等。

（二）提高动作速度的方法与手段

1. 利用帮助者助力提高动作速度

练习者在帮助者的协助下，可使某一技术环节动作的完成速度提高。如在体操和技巧练习中，帮助者经常采用助力（推、拉等）方式帮助练习者提高动作速度并完成动作；不过在使用助力手段时，必须掌握好助力的时机及用力的大小，同时让练习者很好地感觉助力的时间及力量大小，以便使他们能独立并早日达到提高动作速度的目的。

2. 减少自然条件下的阻力

练习者在减少自然条件下的阻力的情况下，提高某一技术环节的动作速度练习。如顺风跑，自然阻力减少，可以提高练习者的步频；练习者也可利用自身的体重做原地快速起跳；等等。

3. 反复进行快速动作练习

反复进行快速动作练习能提高肌肉收缩速率，改善神经系统对肌肉的支配效果。常用的手段有以下四种。

（1）原地快速仰卧两头起，计时10～30秒。

（2）快速俯卧撑，计时10～30秒。

（3）快速俯卧撑击掌，计时10秒。

（4）快速俯卧两头起，计时10～30秒。

4. 改变条件的专门练习

（1）原地快速高抬腿或支撑高抬腿。

练习者站立或前倾支撑在肋木、墙壁等物体上，听到信号后做高抬腿10～30秒。

（2）仰卧高抬腿。

练习者仰卧，双腿快速交替做高抬腿练习10～30秒。也可用这个动作做抗阻力练习，将胶皮带分别固定在肋木（或树干）上和双脚踝关节处，做高抬腿动作时对抗胶皮带的阻力，胶皮带固定的一端要低于垫子平面约20厘米，也可拉完胶皮带后再徒手练习，以提高动作速率。

（3）悬垂高抬腿。

双手握单杠成悬垂姿势，双腿快速交替做高抬腿和下蹲伸直动作，速度越快越好。

（4）快速小步跑。

小步跑15～30米，步频越快越好。要求以大腿发力为主，小腿放松，膝关节、踝关节放松，脚落地时做"扒地"动作。

（5）快速小步跑转高抬腿跑。

快速小步跑5～10米后，转高抬腿跑20米。小步跑时，要放松且快速；转高抬腿跑时，步频不变，动作幅度加大。

（6）快速小步跑转加速跑。

快速小步跑10米后，转加速跑。加速跑时，频率、节奏不能下降，跑出20～30米后放松。

（7）高抬腿跑转加速跑。

快速高抬腿跑10米后，转加速跑。加速跑时，频率、节奏及前摆腿的高度不能下降。

（8）变速高抬腿跑。

行进间高抬腿跑中加入快速的高抬腿练习。动作要协调。

（9）高抬腿跑接快速车轮跑。

原地快速高抬腿跑5～10秒，接车轮跑15米。

（10）踏标记高频快跑。

跑道上画出步长标记，听到信号后全速踏标记跑20～40米。步长标记要合适（一般比正常步长稍短些）。

（三）提高移动速度的方法与手段

1. 通过提高力量素质来发展移动速度的练习

（1）上肢和全身负重力量练习：提拉杠铃、抓举杠铃、高翻杠铃、卧推杠铃等。

（2）下肢负重练习：半蹲走、弓步跳或走、半蹲快速跳起等。

（3）各种爆发性的练习：各种单足跳、双足跳，左腿、右腿交替向前做跨跳练习，不同距离的多级跳，连续双脚跳过3～5个栏架或橡皮筋，立定或助跑1～2步的跳高或跳远练习，跳深练习，跳楼梯，等等。

2. 提高专项动作速度的练习

（1）上肢速度力量练习：快速俯卧撑、快速爬行等。

（2）腰腹力量练习：快速状态下（计时）完成仰卧起坐、两头起、俯卧背屈伸、肋木举腿、侧卧起等动作。

三、速度素质的练习技巧和训练的基本要求

（一）速度素质的练习技巧

1. 缩短反应时

反应时决定反应速度。做动作时主要是用眼睛、耳朵获得信息，通过中枢神经判断，再把信息传到肌肉，肌肉开始收缩，这段时间属于反应时。要加快反应速度必须缩短反应时，要求练习者必须做到以下几点。

（1）提高视觉、听觉的敏感度。例如，多做些观察练习，看到目标后做出相应的动作，也可多做两人或多人的攻防模拟练习。

（2）简化中枢神经的反射活动。因为反射活动越复杂，历经的突触越多，反应也就越慢。这就要求攻防动作结构不宜过于复杂，不能几个动作同时做，这样集中精力于一点，势必能提高反应速度，所以攻防动作要至简实用。

（3）使各攻防器官肌肉处于有准备的状态。这样的反应速度可以比肌肉无准备状态时缩短7%左右。

（4）反应速度还决定条件反射的巩固程度，即做动作越熟练，反应动作速度就越快。

2. 提高动作速度

人体肌纤维的类型分为白肌纤维（快缩肌纤维）和红肌纤维（慢缩肌纤维）两种。快缩肌纤维组成比例多的人动作快，慢缩肌纤维组成比例多的人动作慢。关于动作训练能否改变两种肌纤维的百分比组成，尚无定论，有待进一步研究。所以要提高动作速度应从以下几个方面考虑。

（1）多做一些能增加快缩肌纤维面积及肌肉力量的训练，如进行负荷小、动作快、重复次数多的训练。

（2）提高运动器官肌纤维的兴奋性。比赛前应做好准备活动。一般来说，准备活动的量与强度应较正式活动小，以免由于疲劳影响运动表现。通常以微微出汗及自感已活动开为宜。

（3）提高肌肉及韧带的柔韧性。骨骼肌属随意肌，可直接受大脑中枢神经支配；一旦肌肉太僵硬，就很难按神经系统的指令在瞬间完成动作，这样一来，做动作迟缓也就在所难免了。

3. 加快移动速度

（1）提高各中枢间的协调性。因为运动技能越巩固，各协同肌群间及对抗肌群间的协调就越能得到改善，从而减少因对抗肌群的紧张而产生的阻力，提高运动部位肌群的能动力，加快移动速度。

（2）身体不同部位协调配合。人体移动多数是由腿完成的，腿部肌肉的协调很重要，但腰部及上肢等的动作协调配合也很重要，如向前垫步时要配合摆臂、转腰，这样，做动作才能协调快速，否则动作将变得呆板僵硬，影响移动速度。

（3）重视肌肉的放松。如果身体不放松，全身肌肉紧绷，必然会消耗大量高能磷酸化合物（三磷酸腺苷等能量物质），若能量物质不能及时得到补充，全身肌肉就会出现疲劳、僵硬，从而影响动作的协调性，减慢移动速度。

（二）速度素质训练的基本要求

1. 与专项特点及比赛技术动作要求紧密结合

通过动作结构不相同的速度练习获得的速度是很难向专项转移的，需要通过专门的训练把所需的快速动作能力与项目所特有的表现形式结合起来，并根据项目特点和技术动作的要求加强感受器与运动器官一致性的训练。

2. 合理安排速度素质训练的时间与顺序

速度练习应放在力量练习之前进行，周训练最好放在小强度训练或调整性训练后的第一天进行，日训练应在运动员身心最佳、精力最充沛时，多安排在训练课的前中部。

3. 合理安排速度训练负荷

速度练习是一种强度类练习，应采用最高或次最高强度（95%～100%），使运动员以超过自己最高速度的5%～10%强度练习。练习持续时间短，单个动作1秒，重复动作5～10秒，提高绝对速度不超过30秒，间歇应以使运动员肌肉工作能力得到相对完全恢复为准。

4. 重视全面身体素质练习

移动速度具有多素质综合的特点，移动速度的发展与力量、柔韧、协调等其他身体素质的发展有密切的关系。因此，青少年儿童在进行速度练习的同时，要十分重视全面提高身体素质。

5. 紧紧抓住青少年儿童速度素质发展的敏感期

青少年儿童速度素质的发展较力量素质的发展早，这主要是因为青少年儿童的神经系统生长发育较其他系统早，神经的兴奋与抑制过程成不平衡状态，兴奋过程占优势，表现为活泼好动、精力充沛。小学和初中时期是速度素质发展的重要时期，在速度素质发展的敏感期进行有效的训练，将起到事半功倍的作用。

四、速度素质的评定

测量与评定速度素质的方法和评价标准请依据《中国青少年技巧教学训练大纲》中的评价标准。

第三节　柔韧素质

一、概述

柔韧素质是指人体关节在不同方向上的运动能力以及肌肉、韧带等软组织的伸展能力。柔韧素质通过关节活动的幅度，以及跨过关节的肌肉、肌腱、韧带等软组织的伸展性而表现出来。关节活动的幅度主要取决于关节本身的结构。跨过关节的肌肉、肌腱、韧带等软组织的伸展性，则主要通过合理的练习获得。柔韧素质分为一般柔韧素质和专项柔韧素质。一般柔韧素质是指机体中最主要的那些关节活动的幅度，如肩、膝、髋等关节活动的幅度，这对任何健身运动项目都是必要的；专项柔韧素质是指专项运动所需要的特殊柔韧性，专项柔韧素质是掌握专项运动技术必不可少的重要条件。

二、影响柔韧素质的生理因素

（一）两关节面面积大小的差别

构成关节的两关节面相差越大，关节活动幅度就越大，表现为柔韧性就越好。这一因素是限制柔韧性的先天因素，体育锻炼对此因素的影响不大。

（二）关节周围组织的数量

关节周围的组织越多，限制关节运动的因素就越多，虽然关节的稳定性增加，却使身体的柔韧性下降。

（三）关节韧带、肌肉和肌腱的伸展性

关节周围韧带、肌肉、肌腱等组织的伸展性越好，关节活动幅度就越大，柔韧性就越好。技巧练习主要通过增加关节周围组织的伸展性提高关节的柔韧性。

（四）对抗肌的协调能力

关节周围的肌肉可分为主动肌和与之作用相反的对抗肌，对抗肌两者的协调能力主要取决于神经系统对肌肉收缩和放松能力的调节。练习者通过技巧动作练习可以改善对抗肌之间的协调性，从而使柔韧性提高。

三、柔韧素质的练习方法

柔韧素质的练习基本上采用拉伸法，分为动力拉伸和静力拉伸。这两种拉伸又各自分为主动拉伸和被动拉伸两种不同的练习方式。

动力拉伸法是指练习者有节奏地、通过多次重复同一动作的练习使软组织逐渐被拉长的练习方法。静力拉伸练习时，先通过动力拉伸缓慢的动作将肌肉等软组织拉长，当拉伸到一定程度的时候要暂时静止不动，使这些软组织得到一个持续被拉长的机会。在练习中，常常把这两种方法结合起来，即在做拉伸练习时有动有静、动静结合。

上述两种练习方法都可主动完成，也可被动完成。主动柔韧性练习是指练习者靠自己的力量将软组织拉长，例如，做站立体前屈。被动柔韧性练习是指在外力作用下使练习者的软组织得到拉长，例如，辅助练习者压腿。

四、柔韧素质的训练负荷与注意事项

（一）柔韧素质的训练负荷

柔韧素质的训练负荷主要体现在运动的量和强度上。同其他练习一样，进行柔韧素质练习要遵循频率、强度和持续时间的相关原则，见表28。

表28　柔韧素质练习原则

练习频率	每天练习2~3次，每次每个肌群练习至少3次
练习强度	最大拉伸幅度的30%~40%（100%=疼痛）
持续时间	每次拉伸持续约60秒

1. 练习频率

要想提高柔韧素质，练习者必须每天至少进行两次拉伸，每次练习须拉伸每个肌群至少3次。重复是非常重要的，无论青少年儿童还是成年人，都是通过重复来学习动作和提高技能的，通过不断刺激使中枢神经系统与新的动作形式建立联系形成条件反射。

2. 练习强度

柔韧素质练习都是以低强度进行的（最大拉伸幅度的30%~40%）。在这一强度下，拉伸能够增加肌组织与结缔组织的柔软度。低强度拉伸又称为微拉伸。与损伤不同，微拉伸能引起肌肉和肌腱的专门感受器的较小刺激（肌梭与高尔基腱器）。肌梭感受肌肉长度，而高尔基腱器感受肌肉张力。

采用低强度拉伸，能够使练习者恢复损伤，减少结缔组织对肌原纤维的影响，使结缔组织再生（如肌腱、韧带、肌肉）和重组。

3. 持续时间

拉伸持续最佳时间约60秒，通常从肌腹中间到肌腱拉伸大约用30秒。持续10~15秒的拉伸对肌肉是有益的，但对关节活动度影响很小。

（二）注意事项

1. 发展柔韧素质要与力量素质相结合

发展柔韧素质要与力量素质相结合，这不仅可以避免或消除两者之间不良转移，而且有助于两种素质的协调发展。柔韧性练习后要重视放松练习，以使肌肉柔而不软、韧而不僵。

2. 注意柔韧素质练习与温度和时间的关系

外界温度过高或过低，将会影响肌肉的状态及肌肉的伸展能力。一般来说，当外界温度在18℃时，有利于柔韧性的表现。在一天之内，早晨柔韧性明显要低，当温度控制在10℃～18℃时可表现出较好的柔韧性。但这不等于早晚不能进行柔韧素质练习，只要做好准备活动，一天之内任何时候都可以进行柔韧素质练习。

3. 柔韧素质练习应经常保持

柔韧素质发展快，易见效，可是退步也快，停止练习时间稍长一些，就会退步，因此，每天都应该安排发展柔韧素质练习。在柔韧素质的保持阶段，一周安排可不超过4次，练习量也可根据实际情况有所增减。但在全年训练的任何一个时期，都应安排发展或保持柔韧素质练习。

4. 柔韧素质练习应循序渐进

在进行柔韧素质训练时，特别要注意循序渐进训练原则的应用，动作幅度要由小到大，用力要柔和，以防止肌肉和韧带撕裂和拉伤。在训练中还要注意练习与放松交替进行，防止因肌肉拉长而失去弹性和收缩能力。在大运动量后或在疲劳的情况下，不宜做柔韧素质练习。

5. 采用多种手段发展柔韧素质

不能把拉伸作为柔韧素质练习的唯一手段，在很多情况下持续慢跑结合一些动力性柔韧素质练习也是很好的方法。

6. 青少年儿童柔韧素质练习的注意事项

（1）青少年儿童柔韧素质练习较为容易，这是因为青少年儿童与成年人相比关节面角度大、关节面的软骨厚、关节内外的韧带较松弛等。一般来说，7岁以前要抓住青少年儿童柔韧素质发展的敏感期，开展科学合理的柔韧素质练习，力争在12岁以前使柔韧素质得到较好的发展。

（2）青少年儿童柔韧素质练习，应多以"缓慢式"和"主动"活动为主。这是因为青少年儿童关节稳定性差，骨骼易弯曲变形，长时间用力掰、压等，容易造成关节、韧带的损伤和骨骼的变形，不利于促进孩子的健康成长。

（3）少年在13～16岁生长发育较快，其身高、体重明显增加，柔韧性下降，骨骼能承受的负荷较小，易出现骨骼损伤，因此，要防止过度扭转或受力较大的活动。16岁以后，可逐渐加大训练的负荷量和负荷强度。

五、柔韧训练中常见的拉伸练习

运动中的人体有很多姿势，大体上可分为三大类：站、坐、躺。所有的动作都要求肌肉和肌群协调用力，因此，合理的柔韧素质练习能够提高肌肉相互作用的能力。

制订柔韧素质训练计划须遵循两大原则：第一是关于练习频率、练习强度和持续时间的原则；第二是关于稳定、平衡和控制的原则。为了使身体保持某一姿势，进而"孤立"某一肌群，从而使机体其他部位放松，练习者可以借助地板、墙、椅子等完成。这种"孤立"能减少机体的能量消耗，有利于提高微拉伸练习的效果。

要根据专项动作顺序来选择拉伸类型。从形态上来讲，先进行下肢拉伸后进行上肢拉伸是没有效果的。完成的顺序很重要，因为每一种拉伸都会引起另一种拉伸，这种顺序效应本身对神经系统有影响，目的是使拉伸成为第二特征。拉伸效果应通过肌肉的筋膜韧带连接来提高。

1. 正压腿

目的：拉伸大腿后部。

方法：正对肋木站立，一腿置于肋木上，双腿伸直，双臂伸直自然垂于体侧，身体正直；上体前屈，挺腰下压，同时收髋，双手伸直放于器械上，保持10~20秒；还原成开始姿势。双腿交替重复练习。

要求：膝关节和背部保持伸直，动作幅度尽量大。

练习：

（1）正对肋木站立，一腿置于肋木上，双腿伸直，绷脚尖（高度适宜），站立腿脚尖正对肋木，双臂上举，上体有节奏地前屈下压。

（2）方法同上，双腿交替重复练习。

2. 侧压腿

目的：拉伸大腿内侧。

方法：与正压腿方法相同，但支撑腿脚尖外转。

要求：上体不得前倾或后仰。

练习：

（1）侧对肋木站立，一腿置于肋木上，伸直膝关节，绷脚尖（高度适宜），站立腿脚尖外翻，开胯，内侧臂手扶肋木，外侧臂上举，躯干外展并有节奏地向肋木一侧压腿。

（2）方法同上，双腿交替重复练习。

3. 后压腿

目的：拉伸腿部和腰部。

方法：背对器械，一腿伸直后伸脚背置于器械上，另一腿伸直撑于地面，双臂伸直自然垂于体侧，身体正直；上体做向后振压动作，保持10～20秒；还原成开始姿势。双腿交替重复练习。也可由同伴肩扛后举腿顶压。

要求：双腿伸直，展髋，腰后展。

练习：背对肋木站立，一腿后伸置于肋木上，伸直膝关节，绷脚尖（高度适宜），站立腿脚尖正对前方，双臂上举，上体有节奏地向后下腰。双腿交替重复练习。

4. 正弓步压腿

目的：拉伸大腿内侧。

方法：弓步站立，双脚间距约60厘米，后面脚外旋90°；吸气，双手叉腰，身体正直；呼气，前脚稍前移，髋部下压至动作的最大幅度。双腿交替重复练习。

要求：身体正直，动作幅度尽量大，动作结束保持10秒左右。

练习：正对肋木站立，一脚置于肋木（高度适宜）上，另一脚后伸成弓步，上体后仰，双手叉腰向下有节奏地压腿。双腿交替重复练习。

5. 侧弓步压腿

目的：拉伸大腿后侧。

方法：弓步站立，双脚间距约60厘米，后面脚外旋180°，身体正直；呼气，一手扶弓步腿，一手扶箭步腿，下压髋部至动作最大幅度。双腿交替重复练习。

练习：侧对肋木站立，一脚置于肋木（高度适宜）上，另一脚向侧伸，成侧弓步，脚尖外翻，内侧手扶肋木，上体向外转体，外侧手上举带动上体向内侧屈体下压，反复重复侧压动作。双腿交替重复练习。

6. 并腿体前屈

目的：拉伸大腿后侧。

方法：并腿坐，绷脚尖，身体前屈，胸腹触腿，双臂前伸撑地。同伴站在练习者的身后双手用力下压练习者的背部。

要求：双腿并拢、伸直。

练习：可以站立练习。背对肋木站立，距离适宜。体前屈，双臂垂于体侧在膝关节以下握肋木，用力拉，做体前屈动作。

7. 纵劈叉

目的：拉伸大腿内侧韧带和后侧韧带。

方法：双腿前后分开成180°坐在地面上或垫上，上体直立，双臂侧举或支撑于身体两侧的地面上。

要求：双腿前后伸直，胯触地。

练习：

（1）在前脚踝关节处增加适当的高度（放置体操垫或体操凳）进行练习。

（2）在前脚踝关节和后脚踝关节处增加适当的高度（放置体操垫或体操凳），中间悬空，在同伴帮助下进行练习。

8. 横劈叉

目的：拉伸髋关节内收的肌群。

方法：双腿左右分开成180°坐在地面上或垫上，上体直立，双臂侧举。

要求：上体直立。

练习：

（1）双腿左右分开成180°坐在地面上或垫上，上体前倾，双手撑地，双腿慢慢地向两侧伸展。

（2）面向墙壁分腿坐，同伴扶其背部用力向前挤压。

9. 横劈叉体前屈

目的：拉伸髋关节内收的肌群及背部、臀部肌群。

方法：双腿左右分开成180°坐在地面上或垫上，上体前屈，胸腹触地，双臂前伸撑地。

要求：上体前屈，胸腹触地。

练习：同横劈叉。

10. 俯撑背弓（女子）

目的：拉伸背部肌群。

方法：俯撑于地面，双腿后上举，然后向前伸，双脚触地成背弓。

要求：双腿尽可能并拢。

练习：

（1）俯撑于地面，双腿后上举，同伴双手扶其大腿慢慢地将练习者的下肢向前压腰。

（2）俯卧于地面，双臂前举，同伴双手扶其双肩，使其上体离开地面，上体向后上压腰。

11. 侧扳腿

目的：拉伸腿的外侧韧带。

方法：一腿直立，另一腿向侧上举，上体直立，侧举腿同侧的手扶腿，另一臂侧举，保持平衡。双腿交换做。

要求：侧扳腿紧贴上体。

练习：（以右腿练习为例）

（1）垫上纵劈叉，右腿在前，上体左转侧靠右腿，左手从头上抓右腿，保持一定的时间。

（2）侧向靠肋木站立，靠近肋木的腿慢慢上举，同伴帮助上举完成侧扳腿动作。

12. 前扳腿

目的：拉伸腿的后侧韧带。

方法：一腿直立，另一腿向侧上举，上体直立，前举腿同侧的手扶腿，另一臂侧举，保持平衡。双腿交换做。

要求：前扳腿紧贴上体。

练习：（以右腿练习为例）

（1）垫上纵劈叉，右腿在前，上体前屈靠右腿，双手抓右脚脚尖，保持一定时间。

（2）正向靠肋木站立，双手扶肋木，右腿慢慢侧上举，同伴帮助上举完成前扳腿动作。

13. 后扳腿

目的： 拉伸腿的内侧韧带。

方法： 一腿直立，另一腿从侧至上举，上体直立，双手过头扳住上举的腿，保持平衡。

要求： 后侧上举的腿紧贴上体。

练习： （以右腿练习为例）

（1）垫上纵劈叉，左腿在前，上体后屈靠右腿，双臂上举，双手向后抓右腿，保持一定时间。

（2）左脚站立，侧向靠肋木站立，一手扶肋木，右腿慢慢侧上举，同伴帮助上举完成后扳腿动作。

14. 桥

目的： 拉伸背肌。

方法： 双脚站立，身体向背部弓，抬头，双手撑地，尽量靠近足跟，保持平衡。

要求： 双膝尽量伸直。

练习：

（1）与同伴面对面站立，双臂上举，同伴扶住练习者腰的两侧，使其慢慢下腰成桥。

（2）背对肋木站立，距离肋木约50厘米，双臂上举向后扶肋木，慢慢下腰成桥。同伴在一旁辅助完成动作。

15. 站立体后屈抱腿（女子）

目的： 拉伸背肌。

方法： 双脚分开站立与肩同宽，上体后屈，重心前移，双手从体后抱住双腿，保持平衡。

练习：

（1）与同伴面对面站立，双臂上举向后下腰，同伴扶住练习者腰的两侧，使其慢慢下腰抱腿。

（2）背对肋木站立，距离肋木约50厘米，双臂上举向后扶肋木，慢慢下腰抱腰。同伴在一旁辅助完成动作。

六、柔韧素质的评定

柔韧素质的评定与测量有局部性的特点，其测量方法和手段均涉及完成动作时身体部位活动的幅度。考核测量请依据《中国青少年技巧教学训练大纲》中的评价标准。

第四节　协调素质与灵敏素质

协调素质与灵敏素质的练习方法多种多样，二者有很多互融之处。本节主要介绍协调素质与灵敏素质的一些练习方法，通过介绍，使练习者对协调素质与灵敏素质的练习有一个全面的了解，掌握基本的练习方法，为练习者体能训练提供正确的指导。练习者可以根据自己的兴趣、运动项目特点等，选择行之有效的方法进行练习。

一、协调素质的练习方法

1. 模仿做对侧动作

目的：提高练习者四肢的协调能力。

方法：练习者站在同伴身后，学习一套新的徒手操，模仿同伴做与之相反的动作，即同伴出左手，练习者则出右手，依此类推。

要求：练习者与同伴做动作的速度尽量一致。

2. 交叉跳绳

目的：提高练习者上肢和下肢的协调能力。

方法：练习者在正常跳绳的基础上双手交叉摇绳，每摇1～2次，单腿或双腿跳一次。

要求：练习者在熟练掌握技术动作的基础上增加每跳摇绳的次数。

3. 双人跳绳

目的：练习者与同伴的相互合作协调能力。

方法：两人并排站立，相邻的手相握，另一只手各拿绳的一端摇绳，在绳子摇到最低点时同时跳起，跳3～5次后快速跑出。

要求：两人在跳绳过程中动作同步。

4. 跑的练习

跑的练习主要有交叉步前进或后退、快速后退跑、快速转身跑、后踢腿跑练习等。

目的：提高练习者的协调能力。

方法：练习者在正常跑步的基础上结合各种步伐、方向转换、踢腿的改变来练习身体各部位间的相互协调能力。

要求：练习者在练习中利用多种变化跑来提高协调能力。

5. 单腿跳

目的：提高练习者的协调能力。

方法：练习者在约20米的距离内做单腿跳，双腿交替重复练习，可提高腿上抬的高度以增加练习难度。

要求：往返4次为一组。

6. 单腿跳与前摆

目的：主要提高练习者腿部的协调能力。

方法：练习者在单腿跳的基础上再上抬腿后积极向前摆腿，可在20米的距离内反复练习，双腿交替重复练习。

要求：往返4次为一组，尽量上抬腿至最大高度。

7. 登山走

目的：提高练习者的协调能力。

方法：练习者在约20米的距离内往返做轻快的登山走（由脚尖过渡到脚跟），连续伸展双脚踝关节。

要求：每次做登山动作时，膝关节略微弯曲，减缓冲击力。

8. 弹簧走

目的：提高练习者的身体协调能力。

方法：练习者在约20米的距离内往返做幅度尽量大的短距离的"弹簧步"，尽量伸展双脚踝关节。

要求：整个练习过程中，保持用前脚掌着地。

9. 肩绕环

目的：提高练习者上肢的协调能力。

方法：双脚分开略与肩同宽，双臂伸直上举，掌心相对；双臂均以肩关节为轴，一臂向前绕环，一臂向后绕环；双臂绕环方向交替，重复练习。

要求： 每组练习绕环5次，再双臂交换方向练习，绕环时双臂伸直。

10. 纵跳

目的： 提高练习者下肢的协调能力。

方法： 双脚并拢双臂上摆向上连续跳跃，可结合前后跳、跳起后转向180°、向左向右跳。

要求： 落地屈膝缓冲，连续完成动作，重复练习。

11. 立卧撑跳起转体360°

目的： 提高练习者的上肢、下肢和身体的协调能力。

方法： 由俯卧撑姿势开始，双腿屈膝收大腿，成全蹲。起立后即刻双脚全力蹬地、快速纵跳，双臂稍带力上摆，在空中转体360°。衔接下一个动作时要迅速屈膝下蹲，在双手即将撑地的同时，双脚向后伸蹬，成俯卧撑。动作连续进行。

要求： 落地屈膝缓冲，连续完成动作，重复练习。

12. 全身波浪起

目的： 提高练习者上肢、下肢和身体各肌群间的协调能力。

方法： 双腿开立，双脚间距略与肩同宽。先做直腿体前屈，然后依次进行向前跪膝（收腹、含胸、低头）、向前挺髋（收腹、含胸、低头）、向前挺腹（含胸、低头）、挺胸、抬头，成反的"S"形波动，双臂在体侧绕环，重复练习。

要求： 动作柔和、顺畅。

13. 身体不协调动作组合练习

目的： 提高练习者上肢、下肢和躯干的协调能力。

方法： 练习者上右步的同时右手上举，上左步的同时左手上举，右步后退的同时右手叉腰，左步后退的同时左手叉腰，变换节奏。

要求： 可根据训练要求选择适宜的练习方法。

14. 综合练习

目的： 提高练习者的协调能力。

方法： 以上锻炼方法可以组合练习。

要求： 至少选择5个动作进行组合练习，动作中至少有两个方向的变化。

二、灵敏素质的练习方法

1. 听信号完成动作

屈膝收腿坐（前、后）、跪坐（前、后），听信号迅速跑到指定位置，听口令和看信号做起跑和变向跑。

2. 腿部组合练习

单腿、双腿跳障碍物—前后分腿跳—并步前踢跳—左右分腿跳—后屈膝跳—前屈膝跳。采用一个动作接另一个动作循环跳动的方法，通过变换不同动作，进行灵敏素质练习。

3. 跑的基本练习

可采用曲线跑、穿梭跑和信号应答跑等方式进行练习。例如，教练员告知练习者在跑的过程中听到发令后要做的动作，然后发令："跑！"练习者听到后快速完成上述不同指令动作。

4. 变向跑

（1）向前加速跑5米后再后退3米，向左加速跑5米后向右加速跑3米。

（2）在地上画一个边长为10米的正方形，听口令顺时针、逆时针转换跑。

5. 过障碍

用小体操垫做障碍，练习者利用前滑步及左右滑步过障碍物后向前加速前进。

6. 快速转体

听口令，做向前加速跑，急停，然后转身向后加速跑。

7. 追逐

两人一组，一组先跑，另一组追逐，开始前保持3～5米间距，追上拍肩后反向交换继续练习。

8. 推拉

两人一组，站在直径为2.5米的圆圈内，允许使用推、拉动作，一脚出圈者为负方。一组10次，练习4组。

9. 触摸

两人一组，在规定的范围内用手触摸对方肩部，可以利用步法移动躲闪。

10. 对墙掷接球

练习者持网球或弹力球，距墙壁2米站立，向墙壁投掷网球或弹力球，待弹回时用手迅速接住，练习时双脚要不停地前后左右移动，练习15～20秒为一组，重复3～5组。

11. 障碍跑

练习者在50米障碍跑中加速跑，障碍物不等距，每组练习6次，重复4组。

12. 滚翻接起动跑

练习者左右间隔1米站立，听到一声长哨做前滚翻，听到一声短哨做后滚翻，然后按规定的方向起跑。

13. 跳绳

两人摇绳，练习者从绳子下跑过，也可从绳子上跳过，不断变换摇绳节奏。

三、协调素质与灵敏素质的评定

测量评定协调素质与灵敏素质的方法和评价标准请依据《中国青少年技巧教学训练大纲》中的评价标准。

第三章 技巧项目技术训练

第一节 单人动作技术训练

一、必学与选学动作（5～6岁）

（一）必学动作

5～6岁单人动作技术训练必学动作有跪撑、仰撑、俯撑反弓、弓步伸展、体前屈。见表29。

表29　必学动作

序号	名称	动作做法	保护与帮助	易犯错误	训练方法	规格质量	拓展
1	跪撑	1. 双臂分开与肩同宽,五指分开,直臂支撑 2. 双膝并拢跪地	保护者跪于训练者体侧,帮助其找到准确位置	1. 重心不在双臂与双膝中间 2. 屈臂支撑 3. 塌腰	跪坐开始,双手自膝盖位置至适合前移,静止3秒,双手依次后移至跪坐,反复多次练习	1. 双臂与双腿垂直支撑于地面 2. 躯干平直,收腹 3. 抬头,双眼平视前方	1. 一手或一腿离开地面至水平位,三点支撑 2. 一手和异侧腿同时离开地面至水平位,两点支撑
2	仰撑	1. 双臂支撑手指向前,直臂支撑,肩部用力向下 2. 挺髋,收腹,臀部夹紧	保护者在练习者侧面,一手扶其肩部,另一手托住其臀部,帮助练习者做到姿态准确	1. 双手反向支撑 2. 屈髋 3. 双腿弯曲	跪坐开始,双手自臀部位置依次后移,挺髋成一条直线,静止3秒,双手依次前移至跪坐,反复多次练习	1. 双臂伸直支撑于地面 2. 双腿伸直并拢于地面 3. 头部、躯干与双腿成一条直线	1. 双腿分开,一臂垂直支撑,另一臂直上举 2. 保持仰撑位置,一腿伸直上举,垂直于地面
3	俯撑反弓	1. 双臂分开与肩同宽,直臂支撑 2. 抬头,挺胸,上体向后仰 3. 双腿并拢,膝关节弯曲,绷脚尖	1. 保护者跪于练习者正前方,双手扶其肩部,防止其向两侧跌倒 2. 帮助和引导练习者到正确的位置,最大幅度地完成动作	1. 髋部没有贴紧地面 2. 胸部、腰部仰幅度小,没有超过垂直位置	1. 面对墙壁,距离20~50厘米,双膝跪地,双臂上举靠墙,胸部主动靠墙 2. 大弓步,后腿膝盖跪地,身体后仰,髋部尽量贴地(可在臀部施加外力)	1. 髋部贴于地面,胸部、腰部超过垂直位置 2. 小腿超过垂直位置,掌近头	1. 单臂撑地,另一臂向前上方上举;同时,一腿伸直,另一腿屈膝 2. 双臂上举向后,抓住双踝成弓状,向上伸展

续表

序号	名称	动作做法	保护与帮助	易犯错误	训练方法	规格质量	拓展
4	弓步伸展	1.立正、抬头、挺胸、收腹，双臂侧举略向后展开 2.一腿向前迈出一大步，屈膝，脚掌略外开	保护者分别在练习者正面和侧面，给观察其动作，给予纠正	1.步幅过小，前腿的大腿明显高于水平面 2.膝盖超过脚尖位置 3.上体没有正对前方或向前倾斜	1.身体正对前方，前后腿分别在左右双腿的垂直线上 2.立腰，挺胸，抬头，双臂侧举向后展开 3.后腿伸直，全脚踩地	1.上体直立，正对前方 2.前腿膝盖不超过脚尖位置，大腿略高于水平面 3.后腿伸直	1.侧弓步 2.大弓步
5（体前屈）	分腿坐体前屈	双腿分开大于90°，双臂上举，上体向前	保护者站在练习者的后方给予力，帮助其身体贴于地面	1.屈膝、勾脚尖 2.弓背、含胸	双臂贴于地面主动前伸，吐气，逐步使身体贴于地面	1.双腿膝盖伸直，绷脚尖 2.背部直立，腹部贴于地面	双腿各架高20~50厘米，身体贴于地面
	站立并腿体前屈	双腿并拢站立，身体前屈，双手抱于小腿后侧或踝关节	靠墙双腿并拢站立，保护者在练习者的背部施加外力，帮助其身体贴于大腿	1.屈膝 2.弓背、含胸	双腿并拢伸直坐于地面，上体直立，双臂尽量前伸，直至上体贴近大腿	双腿并拢站直，上体自然贴于大腿	—

（二）选学动作

5～6岁单人动作技术训练选学动作有纵劈叉、前滚翻、后滚翻。见表30。

表30 选学动作

序号	名称	动作做法	保护与帮助	易犯错误	训练方法	规格质量	拓展
1	纵劈叉	1. 初学者：双膝跪地，左腿向前伸出并滑动，双手撑于身体两侧，右腿向后伸展，双臂侧举 2. 前后分腿站立，前腿向前、后腿向后滑动成劈叉姿势，双臂侧举	保护者在练习者前面和后面，帮助其双腿在一条直线上	1. 髋部没有正对前方 2. 腿部没有贴紧地面	1. 坐地，一腿向前伸直，另一腿弯曲，放在体侧，上体向前，腹部自然贴于大腿 2. 大弓步，后腿膝盖跪地，身体后仰，大腿和盆底紧贴地面	1. 前后腿成一条直线，膝盖完全伸直，绷脚尖 2. 上体直立正对前方，髋部转正，大腿和盆底紧贴地面	1. 前腿架高20～50厘米 2. 前后腿同时架高20～50厘米
2	前滚翻	双腿并拢，下蹲，双手向前撑地，屈臂，双胸蹬地，同时提臀，低头，含胸，使头、后部、背部、颈部、肩部和臀部依次着地，屈膝团身，双手抱紧小腿向前滚动，迅速跟紧大腿，成蹲姿后直接站立	保护者在练习者侧前方，当练习者头向后地时，一手托其头至后部、颈部，当练习者至头部着地滚翻时，双手顺势推其背部，前送其成蹲撑姿势	1. 不蹬腿，没有动力 2. 没有低头，头顶接触地面 3. 团身不紧	1. 由仰卧姿势开始，双手抱小腿，做向前和向后的滚动动作 2. 在斜面上，由高处在低处做前滚翻	1. 团身紧，滚动圆滑 2. 滚动方向正	1. 连续前滚翻 2. 前滚翻直腿起

续表

序号	名称	动作做法	保护与帮助	易犯错误	训练方法	规格质量	拓展
3	后滚翻	1. 双腿并拢，下蹲，双手抱小腿，重心稍向前移，低头团身迅速向后滚动，同时双手放肩上，手指向后，掌心向上，使头团身向后滚动，臀部、腰部和背部依次着地。2. 当滚动至肩部和头部着地，臀部超过垂线位置时，双手迅速用力推头、抬头，双脚着地成蹲撑姿势	保护者在练习者侧面，当练习者肩部着地滚至肩部时，双手扶其腰两侧，向上方提拉，帮助其推手和滚动	1. 滚动不流畅 2. 滚动方向不正	1. 双手放在肩上做团身向后前滚动 2. 在斜面上，由高处在低处做后滚翻	1. 团身紧，滚动圆滑 2. 滚动方向正	1. 连续 2～3 次后滚翻 2. 前滚翻交叉腿站立，转体 180°接后滚翻

二、必学与选学动作（7~8岁）

（一）必学动作

7~8岁单人动作技术训练必学动作有前吸腿平衡、下桥、纵劈叉、前滚翻、后滚翻、反掌斜倒立。见表31。

表31　必学动作

序号	名称	动作做法	保护与帮助	易犯错误	训练方法	规格质量	拓展
1	前吸腿平衡	由站姿开始，一腿站立，另一腿屈膝吸腿，同时双臂侧举	保护者站在练习者的后面，双手扶其腰部，帮助其保持平衡	1.膝盖盖低于水平面位置 2.站立腿屈髋屈膝 3.有晃动	双手扶把杆，立正站，一腿直立，另一腿屈膝绷脚尖，沿着站立腿脚的小腿慢慢上提，膝盖正对前方，直至平稳，慢慢放手	1.身体直立，站立腿膝盖伸直 2.向前吸腿，膝盖至水平面位置，脚尖在站立腿膝盖位置 3.稳定，无晃动	1.控前腿平衡 2.侧吸腿平衡

续表

序号	名称	动作做法	保护与帮助	易犯错误	训练方法	规格质量	拓展
2	下桥	由左右分腿站立（双脚与肩同宽），双臂上举姿势开始，抬头向后下腰，双手撑地成桥	保护者站在练习者侧面，双手托其腰部，使其慢慢下落成桥	1.下腰时双臂没有保持在耳侧有夹角 2.肩部有夹角，膝盖弯曲	1.背对助木站立，双臂上举，双手握胸上挺，抬头向前拉，使肩部完全拉开 2.仰卧，屈膝，向上顶髋，蹬腿成桥 3.背靠助木站立一定距离（与助木相隔一定距离），抬头，向后握住助木后屈，身体渐下降，双手撑地逐步成桥	1.肩胸完全打开，没有夹角 2.腰部上顶，膝盖伸直	连续多次快速下桥
3	纵劈叉	1.初学者：双膝跪地，左腿向前伸出并滑动，双手掌于身体两侧，伸于身体前方，前腿向前伸展，后腿向后滑动成纵劈叉姿势，双臂侧举 2.前后分腿站立，后腿向前、前腿向后滑动成纵劈叉姿势，双臂侧举	保护者站在练习者前面和后面，帮助其双腿在一条直线上	1.髋部没有正对前方 2.腿部没有紧贴地面	1.坐地，一腿向前伸直，另一腿弯曲，放在体侧，上体向前，腹部自然贴于大腿 2.大弓步，后腿膝盖跪地，身体后仰，大腿和盆底尽量贴近地面	1.前后腿成一条直线，伸直，膝盖绷脚头 2.上体直立正对前方，髋部转正，前后腿大腿和盆底紧贴地面	1.前腿架20~50厘米 2.前后腿同时架高20~50厘米

续表

序号	名称	动作做法	保护与帮助	易犯错误	训练方法	规格质量	拓展
4	前滚翻	双腿并拢，下蹲，双手向前撑地，屈臂，双脚蹬地，同时提臀，低头含胸，使头后部、颈部、肩部、背部、腰部和臀部依次着地，屈膝团身，双手抱紧小腿，向前滚动，迅速跟紧大腿，上体成蹲坐后直接站立	保护者站在练习者侧前方，当练习者低头时，一手托其头后部、颈部，当练习者着地，至头部至背部滚翻时，双手顺势推其背部，前送其蹲撑姿势	1.不蹬腿，滚翻没有动力 2.没有低头，用头顶接触地面 3.团身不紧	1.由仰卧姿势开始，双手抱小腿，做向前和向后的滚动动作 2.在斜面上，由高处在低处做前滚翻	1.团身紧，滚动圆滑 2.滚动方向正	1.连续前滚翻 2.前滚翻直腿起
5	后滚翻	1.双腿并拢，下蹲，重心稍向前移，低头团身向后滚动，同时双手放肩上，手指向后，手心向上，使臀部和背部依次着地 2.当滚动至肩部时，和头部超过垂直线位置时，用力推地，双脚着地成蹲撑姿势	保护者站在练习者侧面，当练习者着地时，双手扶其腰部两侧，向上方提拉，帮助其推手和滚动	1.滚动不流畅 2.滚动方向不正	1.双手放在肩上做团身向后，向前滚动 2.在斜面上，由高处在低处做后滚翻	1.团身紧，滚动圆滑 2.滚动方向正	1.连续2~3次后滚翻 2.前滚翻交叉腿站立，转体180°接后滚翻

续表

序号	名称	动作做法	保护与帮助	易犯错误	训练方法	规格质量	拓展
6	反掌斜倒立	双臂分开与肩宽，双腿并拢，脚尖置于高处，使身体与地面成135°夹角	保护者站在练习者侧面，一手托其腹部，另一手帮助压其臀部，帮助练习者保持准确的身体形态	1.屈臂 2.塌腰、屈髋	1.在地面做直臂附撑摩时间 2.逐步抬高脚的位置，静止时间逐步增加	1.双臂垂直支撑 2.顶肩、收腹，夹臀，上体与腿部成一条直线	单腿反掌斜倒立

（二）选学动作

7~8岁单人动作技术训练选学动作有横劈叉、靠墙倒立、前软翻、后软翻、原地侧手翻。见表32。

表32 选学动作

序号	名称	动作做法	保护与帮助	易犯错误	训练方法	规格质量	拓展
1	横劈叉	由左右大分腿立姿开始，双腿滑落成左右分腿坐的姿势	保护者站在练习者前面，帮助练习者保持准确的身体形态	1.双腿没有分开成一条直线 2.屈膝、勾脚尖	1.双腿尽量分开，面对墙壁而坐，逐步将髋部靠拢墙壁 2.上身向前俯于地面，双腿左右分开成一条直线，大腿尽量紧贴地面	1.双腿左右分开，成一条直线 2.身体直立，双臂侧举	一

续表

序号	名称	动作做法	保护与帮助	易犯错误	训练方法	规格质量	拓展
2	靠墙倒立	面对墙站立，双手撑地，与肩同宽，一脚蹬地，另一腿后摆，成背对墙的手倒立	保护者可在练习者侧面辅助用力	1. 屈臂、冲肩、塌腰、屈髋 2. 头部顶在墙上	1. 正面对墙，左腿弯曲在前，右腿在后，双手撑地，与墙同距10厘米左右，做蹬腿摆腿练习 2. 逐步加快蹬腿摆腿的速度，在保护者的帮助下，到倒立位置	1. 侧视：无肩角，身体成一条直线 2. 正视：双臂伸直，与肩同宽，身体正直，平行，双腿并拢，脚尖，双腿并拢，在膝关节完全伸直	反靠墙手倒立
3	前软翻	1. 由直立姿势开始，左脚向前一步，经分腿倒立，重心稍向后引，使右腿尽可能靠近双手落地 2. 顶肩、推手、顶髋，左腿向前上方伸出，然后落下成直立姿势	保护者站在练习者侧面，当练习者分腿倒立时，一手托其腰部引导重心，另一手托其左小腿，帮助其站立到站立的位置	1. 没有经过劈叉倒立位置 2. 动作过程缺乏控制 3. 动作结束时，左右腿没有控制	1. 分腿倒立，右腿落地成单足跟，左腿与地面垂直蹬右腿，回到分腿倒立，反复多次练习 2. 连续多次做"下桥"动作	1. 动作结束，左腿有向前控腿过程 2. 经过前后分腿倒立，动作过程匀速	1. 双腿前软翻 2. 肘软翻 3. 单臂前软翻

续表

序号	名称	动作做法	保护与帮助	易犯错误	训练方法	规格质量	拓展
4	后软翻	1. 由右脚站立，左脚点地开始 2. 控左腿，向前顶髋，向后下腰，双手尽可能在靠近脚的位置撑地，经分腿同时右脚蹬地，顶肩倒立，左脚落地，右腿经后轻顶、脚落地	保护者站在练习者侧面，一手托练习者腰部，另一手托其左小腿，帮助其到达分腿倒立位置	1. 没有经过劈叉倒立位置 2. 动作过程缺乏控制 3. 动作结束时，右腿没有控制动作	1. 分腿倒立成单足桥，左腿落地与地面垂直，右腿蹬左腿，回到分腿倒立，反复多次练习 2. 连续多次做"下桥"动作	1. 动作开始和结束的控腿过程明显 2. 经过前后分腿倒立，动作过程匀速	1. 单臂后软翻 2. 坐地后软翻
5	原地侧手翻	1. 以右腿站立，左腿侧举，双臂侧举的姿势开始 2. 上体向左侧倒，左胸接着右腿向上摆起（手指向左前方），左脚用力蹬地，右手撑地，同时左手撑地，左手经分腿倒立姿势，右脚落地面，接着右手推离地面，左脚落地成分腿站姿	保护者站在练习者后方，双手交叉扶其腰部，帮助其顺势完成动作	1. 动作没有在一条直线上完成 2. 动作过程中冲肩	1. 靠墙踢倒立，摆腿摆腿有力，速度快 2. 在帮助下做侧手倒立起和由分腿倒立做侧翻成站立	1. 双手、双腿、双脚依次落在一条直线上 2. 分腿倒立在垂直面上	连续侧手翻

三、必学与选学动作（9～10岁）

（一）必学动作

9～10岁单人动作技术训练必学动作有控前腿平衡、分腿支撑、前软翻、肩肘倒立、高趋步、助跑侧手翻。见表33。

表33　必学动作

序号	名称	动作做法	保护与帮助	易犯错误	训练方法	规格质量	拓展
1	控前腿平衡	由站姿开始，一腿站立，另一腿向前控腿，同时双臂侧举	保护者站在练习者的后面，双手扶其腰部，帮助其保持平衡	1.前腿弯曲，低于水平面 2.站立腿屈髋，重心不垂直	单手扶把杆，立正站，一腿主动在下直立，另一腿经过向前擦地，慢慢上举，停时同	1.身体直立，正对前方 2.站立腿伸直，前腿控制在水平面以上	控侧腿平衡
2	分腿支撑	1.双手分开与肩同宽，直臂支撑 2.双腿膝盖伸直，臀部离地，脚尖指向双耳向两侧沿线方向	1.保护者在练习者后方，双手扶其腰部，使其抬高重心 2.保护者在前面，双手托其小腿	1.双腿过于夹紧肘关节，形成附加支撑 2.臀部位置过低 3.双腿低于水平面	1.双腿加高（同肘关节等高度）；双手撑地与肩同宽，顶肩，提臀，至分腿支撑位置 2.双手抓肋木，悬垂，双腿控制在水平面以上	1.臀部明显离地，在肘关节的高度或略高的高度 2.双腿水平或高略于水平面 3.抬头，双眼平视前方	直角支撑

续表

序号	名称	动作做法	保护与帮助	易犯错误	训练方法	规格质量	拓展
3	前软翻	1.由直立姿势开始，左脚向前一步，右腿向后上摆起，经过分腿倒立，重心稍向后引，使右腿尽可能靠近双手落地 2.顶肩，推手，顶髋，左腿向前上方伸出，左腿向前落下然后成直立姿势	保护者站在练习者侧面，当练习者分腿倒立时，一手托其腰部引导重心，另一手托其左右小腿，帮助其左右站立到后直立位置	1.没有经过劈叉倒立位置 2.动作过程缺乏控制 3.动作结束时，左腿没有控制	1.分腿倒立，右腿落地成单足桥，左腿与地面垂直，蹬右腿，回到分腿倒立，反复多次练习 2.连续多次做"下桥"动作	1.动作结束，左腿有向前控腿过程 2.经过前后分腿倒立，动作过程匀速	1.双腿前软翻 2.肘软翻 3.单臂前软翻
4	肩肘倒立	1.由直角坐姿势开始，向后滚动，收腹举腿翻臀，双臂用力撑起，向上伸展双腿 2.双肘尽量内夹，双手撑于腰背两侧，成肘支撑头和肩部支撑的倒立姿势	保护者面对练习者背部，用手向上提拉其小腿，用膝盖顶住其背部	身体不能充分伸展	练习者先做肩臂倒立动作，然后做肩肘倒立动作	肩部、背部、髋部成一条直线	后滚翻成肘软翻贴胸俯撑
5	高抬步	1.由双臂侧举，右腿前举、左脚站立的姿势开始 2.左脚向前一步，右腿经前至上举，同时双臂经前至上举，身体要充分伸展并脚前稍前倾 3.接着右腿由向前迅速摆过接着右脚掌着地，同时左腿、在屈右膝，身体前冲，上体下压接着做下面的动作	当练习者跳起时，保护者双手夹住其腹部，使其在空中停留，充分伸展身体	1.跳起高度低 2.身体没有充分伸展	1.双腿起跳，练习在空中做伸展身体的动作 2.将手动作连贯起来做	1.空中姿态伸展 2.双腿完全伸直，绷脚尖	一

续表

序号	名称	动作做法	保护与帮助	易犯错误	训练方法	规格质量	拓展
6	助跑跨侧手翻	1. 高抬步落地重心偏前腿，左手撑在左胸的前面，蹬左腿摆右腿，同时右手内旋，与左手撑于同一条直线上。 2. 立腰，双腿左右分开，含胸、顶肩，依次推手。 3. 右腿落地时，手和脚始终在同一条直线上。	保护者站在练习者后方，双手交叉，扶其腰部，帮助练习者完成动作	1. 动作没有在同一条直线上。 2. 过程中屈髋、冲肩	1. 高抬步练习。 2. 靠墙倒立，帮助蹬摆腿有力，速度快	1. 高抬步时，蹬直，双腿上举，身体舒展，落地撑手连接流畅 2. 侧手翻速度快，动作协调	连续侧手翻

（二）选学动作

9～10岁单人动作技术训练选学动作有慢起倒立、控手倒立、接后手翻的踺子、接空翻的踺子、原地后手翻。见表34。

表34　选学动作

序号	名称	动作做法	保护与帮助	易犯错误	训练方法	规格质量	拓展
1	慢起倒立	1. 由分腿支撑姿势开始，顶肩提臂。 2. 肩部略短暂前倾，双腿经体侧微微前倾，到达倒立位置	1. 练习者由单站立体前屈开始，双手撑地，保护者面对练习者背部，双手扶其髋部两侧，帮助其提起并腿至倒立。 2. 练习者由分腿支撑开始，保护者面对练习者，双手扶其髋部两侧，帮助其提臂，并腿至倒立	1. 冲肩、过早地翻髋、屈髋 2. 倒立塌腰、屈髋	1. 分腿直角支撑 2. 由站立体前屈开始做慢起倒立 3. 在保护者的帮助下完成动作	1. 双臂伸直，含胸，提臂至垂直位置，双腿靠近身体向体侧分腿，再并拢 2. 动作过程匀速、流畅	连续吊倒立

续表

序号	名称	动作做法	保护与帮助	易犯错误	训练方法	规格质量	拓展
2		1. 由前后分腿站立开始,上体前屈,双手在体前撑地(五指分开,双臂分开与肩同宽)。 2. 前脚蹬地,后腿向后摆起,同时肩向前移,当身体重心接近支撑垂直线时,蹬地腿向后摆动并腿并拢,紧腰,成倒立	保护者站在练习者前面,扶练习者的踝关节,控制时间,随着能力增强逐步下移至髋部、胸部、腰部和肩部	屈臂、冲肩、塌腰、屈髋	1. 正、反掌倒立。 2. 在双杠下做倒立,脚尖顶住双杠,脚尖顶到的高度(将调节和练习者倒立等高的位置)	1. 侧视:无肩角,身体成一条直线。 2. 正视:双臂伸直,与肩同宽,身体正直,脚头平行,双腿并拢,膝关节完全伸直	1. 爬倒立。 2. 倒立成劈叉
3	接后手翻的踺子	1. 高撬步后左(或右)脚落地,左(或右)脚前方撑地(或左),上体迅速前压,左(或右)脚前方撑地(或左),同时右(或左)脚向上方摆起以肩为轴,头部带动向内转体。 2. 左(或右)脚离地后,右(或左)手前偏左(或右)撑地,左(或右)手指向内),同时双腿迅速过垂直面摆成手倒立。 3. 双手快速用力推地面,猛烈用力收腹、提腰,用全脚掌主动向靠近手的地方着地(贯腿),上体迅速抬起	保护者在练习者左右侧,双手扶其腰部,帮助练习者转体和提腰,然后挡住练习者的背部	1. 摆腿歪,没有经过倒立位置。 2. 贯腿不清晰,动作结束上身没有直立。 3. 方向不正,动作歪	1. 对墙快速摆倒立。 2. 摆倒立转体180°靠墙。 3. 手倒立时,收腹、提腰、推手、贯腿	1. 高撬步时,双腿伸直,双臂上举,身体舒展。 2. 双腿经倒立位置转体,方向正直。 3. 推手顶肩,上体直立	—

续表

序号	名称	动作做法	保护与帮助	易犯错误	训练方法	规格质量	拓展
4	接空翻的踺子	1. 高抬步后左脚落地，上体迅速前压，左手在左胸前方撑地（手指向左），同时右脚前上方摆起以肩部快速后摆带动向内转体 2. 左脚离地，右手在左手前偏（手指向内）同时双腿迅速并拢，成手倒立速端、立踵，同时向头、颈关节、立踵、立腰 3. 双脚伸向远端着地，同时头、颈正直，立腰，成手倒立姿势着地，用前脚掌着地，立踵，带臂前举带臂向上起跳	保护者站在练习者起跳部左侧，当练习者起跳时，一手扶其腰部，另一手扶其腰部，顺势双手扶其腰部帮助其在上跳起	1. 摆腿歪，没有经过倒立位置 2. 落地没有向远处蹦腿，推手带臂蹬地没有爆发力 3. 方向不正，动作歪	1. 对墙快速摆倒立 2. 摆倒立立转体180°靠墙 3. 由手倒立开始，双手推地，髋关节处弯曲，腿向远"蹦"去，当双脚落地时，积极把带臂同时向上跳起	1. 高抬步时，双腿蹬直，双臂上举，身体舒展 2. 双腿经倒立位置转体，方向正直，上体正直，推手顶肩直立 3. 推手顶肩，直立	接空翻的踺子接分腿跳
5	原地后手翻	1. 双腿弯曲，上体稍前屈，双臂上举 2. 上体后仰，当即将失去重心时，蹬腿甩臂、顶髋、挑腰、双手撑地 3. 经过手撑立后，反弹、迅速做顶肩、屈体、贯腰，同时双手用力向推离地面，上体抬起，双腿并拢，上体拾起，双臂前举	1. 保护者站在练习者左侧，用右手托住练习者的腰部，左手扶其大腿后部 2. 当练习者翻转时，保护者托其腰部和大腿加助力 3. 在练习者翻起来后，托其腰部的手迅速挡住练习者腰部，防止其后倒	1. 后手翻向前卷 2. 后手翻似胸	1. 在距练习者身后6厘米左右，放略高于其腰部的海绵包，练习者双腿并拢的向后摆臂挑髋，快速蹬腿挑髋、膝，头颈正直，倒肩、带臂，快速躺在海绵面上 2. 保护者在练习者侧面，一手扶其腰部，另一手托其大腿，帮助其做后翻成倒立 3. 倒立推手，体会顶肩、提腰动作	1. 蹬地有力，速度快 2. 摆臂挑撑手时既准确，撑手也不杆手，双臂垂直支撑于地面 3. 双腿并拢，蹬直	连续串小翻

四、必学与选学动作（11～12岁）

（一）必学动作

11～12岁单人动作技术训练必学动作有侧扳腿平衡、头手倒立、靠墙倒立、接后手翻的踺子、接空翻的踺子、后软翻、助跑前手翻。见表35。

表35　必学动作

序号	名称	动作做法	保护与帮助	易犯错误	训练方法	规格质量	拓展
1	侧扳腿平衡	1. 由站姿开始，一腿站立，另一腿侧上举起。 2. 同时，上举腿同侧手握住小腿后，另一臂侧上举，身体立直，保持平衡	保护者站在练习者的后面，一手扶其腰部，另一手扶其上举腿，帮助其保持平衡	1. 身体前倾、屈髋。 2. 上举腿没有靠紧体侧。 3. 重心不稳	1. 侧吸腿平衡。 2. 单手扶把杆，扳侧腿平衡	1. 主力腿站直，上身挺直。 2. 上举腿直膝、绷脚尖，由同侧手扳胸后紧身在体侧贴紧身体。 3. 静止不动	侧平衡
2	头手倒立	1. 由蹲撑姿势开始，双手分开与肩同宽，双手体前撑地，接着用前额上部在双手前撑地，头部和手部成等边三角形。 2. 双腿蹬直提臀，当臀部在支点垂直面时，伸直髋关节成倒立姿势	保护者面对练习者站立，当练习者蹬腿提臀双手扶其髋部两侧、帮助其臀部到头支臀部垂直面，并帮助其稳定重心	1. 头部支撑位置不正确。 2. 头部和手部没有成等边三角形。 3. 屈髋	1. 一脚蹬地，另一腿后摆成头手倒立。 2. 提臀、屈膝再伸直腿成头手倒立	1. 静止稳定。 2. 身体成一条直线	1. 前后和左右分腿的头手倒立。 2. 半劈腿的头手倒立

续表

序号	名称	动作做法	保护与帮助	易犯错误	训练方法	规格质量	拓展
3	靠墙倒立	面对墙站立，双手撑地，与肩同宽，一脚蹬地，另一腿后摆，成背对墙的手倒立	保护者可在练习者侧面辅助用力	1.屈臂、冲肩、塌腰、屈髋 2.头部顶在墙上	1.正面对墙，左腿弯曲在前，右腿在后，与墙距10厘米左右，做蹬腿摆腿练习 2.逐步加快蹬腿摆腿的速度，在保护者的帮助下，到倒立位置	1.侧视：无肩角，身体成一条直线 2.正视：双臂伸直，与肩同宽平行，身体正直，双腿并拢，脚尖、膝关节完全伸直	反靠墙手倒立
4	接后手翻的蹬子	1.高撬步后左（或右）脚落地，上体迅速前压，左、右（或右）手在左（或右）脚前方撑地（手指向左），同时右（或左）脚蹬地向上方摆起，脚蹬地后快速后摆以肩部，头部带动向内转体 2.左脚离地后，右（或左）手离地，右（或左）手在左（或右）手前偏左，同时双腿撑地（手指向内），成手倒立姿势 3.双手快速用力推离地面，提腰、顶肩，收手推手，猛烈用力收腹，提腰、贯腰，主动向靠近手的地方着地（贯腿），上体迅速抬起	保护者在练习者左（或右）侧，双手扶其腰部，帮助练习者转体和提腰，然后挡住练习者的背部	1.摆腿歪，没有经过倒立位置 2.贯腿不清晰，动作结束上身没有直立 3.方向不正，动作歪	1.对墙快速摆倒立 2.摆倒立转体180°靠墙 3.手倒立时，收腹、提腰、贯腰、推手	1.高撬步时，双腿蹬直，双臂上举，身体舒展 2.双腿经过转体位置向正直 3.推手顶肩，上体直立	一

续表

序号	名称	动作做法	保护与帮助	易犯错误	训练方法	规格质量	拓展
5	接空翻的踺子	1. 高摆步后左脚落地，上体迅速前压，左手在左脚前方撑地（手指向左），同时右脚蹬地后快速后摆以肩部，头部带动向内转体 2. 左脚离地向后，右手在左手前偏左落地（手指向内），同时双腿迅速并拢，成手倒立姿势 3. 双腿伸向远端，用前脚掌着地，迅速伸直膝关节、立踵、立腰、带臂向上起跳	保护者站在练习者的左侧，当练习者起跳时，一手扶其腰部，另一手扶其腹部，或双手扶其腰部，顺势帮助其在上跳起	1. 摆腿不正，没有经过倒立位置 2. 落地蹦腿，推远处蹬腿，蹬地手带臂，没有爆发力 3. 方向不正，动作歪	1. 对墙快速摆倒立 2. 摆倒立转体180°靠墙 3. 由手倒立开始，双手推地，髋关节弯曲，脚落地远处处"踹"去，当双脚落地时，积极带带臂同时向上跳起	1. 高摆步时，腿蹬直，双臂上举，身体舒展 2. 双腿经倒立位置转体，方向正直 3. 推手顶肩，上体直立	接空翻的踺子接空翻分腿跳
6	后软翻	1. 由右脚站立，左脚在前点地开始 2. 控左腿，向前顶髋，向后下腰，双手尽可能在靠近脚的位置撑地，同时右脚蹬地，经分脚着地，左脚落地 3. 右腿经后控腿，顶肩抬头，落地	保护者站在练习者侧面，一手托练习者腰部，另一手托其小腿，帮助其分腿倒立到位置	1. 没有经过劈叉倒立位置 2. 动作过程缺乏控制 3. 动作结束时，右腿没有控制	1. 分腿倒立，左腿落成单足桥，右腿垂直，蹬左分腿回到倒立，反复多次练习 2. 连续多次做"下桥"动作	1. 动作开始和结束有明显的控制过程 2. 经过前后倒立，双腿经过后控 3. 动作匀速	1. 单臂后软翻 2. 坐地后软翻

续表

序号	名称	动作做法	保护与帮助	易犯错误	训练方法	规格质量	拓展
7	助跑前手翻	1. 高抬步双臂上举，身体积极下压，双手向前下方撑地；顶肩并猛烈推地面，同时左腿向后上方迅速摆起，右脚蹬地，在未到倒立位置之前迅速和左腿并拢 2. 头颈正直，立腰、翻转后用前胸掌落地，成双臂侧上举的直立姿势	保护者站在练习者的侧前方，一手顶其肩部，另一手托其腰部	1. 并腿迟 2. 动作没有腾空	1. 练习蹬地、摆腿、顶肩推地动作 2. 保护者站在练习者支撑点前面，当蹬地摆腿、接近倒立位置时，用双手扶拉在其腰部，并扛在肩上，帮助其体会推手和腾空动作 3. 在高处做高趋步、摆腿、顶肩、双腿落手低处，逐渐过渡到平面上	1. 高趋步挺身，双臂上举 2. 顶肩推手有腾空，并腿上举 3. 双臂上举，落地稳	单腿前手翻接并腿前手翻

（二）选学动作

11～12岁单人动作技术训练选学动作有踺子后手翻、助跑团身前空翻、连接空翻的前手翻。见表36。

表36　选学动作

序号	名称	动作做法	保护与帮助	易犯错误	训练方法	规格质量	拓展
1	 踺子后手翻	1. 踺子收腹、提腰、贯腿 2. 后手翻翻髋蹬腿、挑髋，头颈正直带臂，双臂垂直撑于地面	保护者站在练习者侧面，用滑步跟随其移动，一手托其腰部，另一手托其大腿底部，顺势帮助其完成动作	1. 踺子没有经过倒立位置，方向不正，没有收腹，贯眼和顶肩动作向前卷 2. 后手翻向前卷	1. 踺子躺包练习 2. 原地做后手翻 3. 原地连续两次后手翻	1. 踺子和后手翻连接流畅 2. 动作方向正，在一条直线上 3. 踺子经过倒立，后手翻并腿	踺子连续小翻
2	 助跑团身前空翻	1. 助跑最后一步单脚起跳时，双臂稍屈上举，掌心相对，迅速发力向上跳起，头颈正直，含胸，同时双臂向上提直做"刀手"提肩动作（拇指上顶，四指下压） 2. 跳起后迅速低头提臂，团身抱腿，向前翻转 3. 当身体下落时，双臂上举，伸展身体，用前脚掌落地	保护者在练习者起跳点侧前方，当其起跳时，一手向上托其腹部，另一手向上推提其背部，帮助其翻转，当练习者落地时，一手扶其背部，另一手扶其胸部	1. 空翻高度低 2. 团身松	1. 原地向上跳，同时做"刀手"动作 2. 在帮助下做原地前空翻 3. 利用弹跳板或助跳板做助跑前空翻	1. 空翻高度高于头，团身紧 2. 团身紧	1. 助跑团身前空翻前后依次落地 2. 助跑屈体前空翻

续表

序号	名称	动作做法	保护与帮助	易犯错误	训练方法	规格质量	拓展
3	连接空翻的前手翻	1. 高抬步双臂上举，身体积极下压，双手垂直撑地，离地面，顶肩向后上方迅速推撑地面，同时左腿向后到倒立速摆起，右脚蹬地，在未到倒立位置之前迅速和左腿并拢成摆起 2. 翻转后双腿积极反弹立踵跳起，利用身体反弹立踵跳起，准备接下面的动作	保护者站在练习者的侧前方，当练习跳起时，一手在前、另一手在后夹住其腹部，帮助其起跳	1. 并腿迟 2. 水平速度和翻转慢	1. 练习蹲地、摆腿，顶肩推手离地动作 2. 保护者站在练习者支撑点前面，当练习者做完蹬地摆腿、接近倒立位置时，用双手扶其腰部，并扛在肩上将其托起，帮助其体会推手和腾空翻	1. 并腿、翻转速度快 2. 起跳充分	前手翻接团身前空翻 原地后手翻

五、必学与选学动作（13~14岁）

（一）必学动作

13~14岁单人动作技术训练必学动作有燕式平衡、双臂肘水平、手倒立前滚翻、摆腿侧空翻、原地后手翻。见表37。

表37　必学动作

序号	名称	动作做法	保护与帮助	易犯错误	训练方法	规格质量	拓展
1	燕式平衡 	由站姿开始，一腿向前迈出一步，同时重心前移，另一腿尽量后举，上体被动前倾，双臂侧举成俯平衡姿势	保护者站在练习者正前方，双手托住其双肩，帮助其保持平衡	1.后腿高度低 2.动作晃动	有人扶持或练习者手扶器械做俯平衡动作	1.抬头、挺胸，上体高于水平面 2.主力腿站直 3.动力腿与主力腿夹角大于135°	1."一"字开前后腿平衡 2.扳花篮
2	双臂肘水平 	1.从跪坐开始，重心前移，左手撑地，右臂肘关节尽量撑地，支撑于左腋窝内（手指向内） 2.双脚分开与肩同宽，伸直 3.上体和双腿同时向上翘，抬头挺胸，身体充分后展	保护者在练习者侧面，一手扶其肩部，另一手扶其膝盖，帮助其准确地完成动作	1.上体低于水平面 2.双腿左右高低不一致 3.屈髋，腿部低于水平面	地面翘背肌练习停时间	1.抬头、身体充分后展 2.上体和腿部高于水平面	单臂肘水平
3	手倒立前滚翻 	1.由前后分腿站立开始，上体前屈，双手在前落地（五指分开，与肩同宽） 2.前脚蹬地，同时肩向前移，当身体重心接近支撑垂直线时，后腿向后上摆动腿并拢，蹬地成手倒立。 3.顶肩，手臂屈，低头，同时屈臂，做前滚翻动作	1.保护者站在练习者侧前方，先抓住其双脚踝关节，帮助其找到倒立的准确位置 2.保护者前移帮助练习者前移重心，使其屈臂，用头后部、颈部、肩部、背部依次着地，然后松手	1.没有形成准确的手倒立姿态，没有重心 2.滚动不圆滑	1.前滚翻 2.保护者在练习者侧前方，双手提住练习者的踝关节	1.经手倒立位置，并腿静止1秒 2.滚动流畅	手倒立前滚翻直腿起

续表

序号	名称	动作做法	保护与帮助	易犯错误	训练方法	规格质量	拓展
4	摆腿侧空翻	1. 由高跳步或原地开始。2. 右脚前伸落地后屈膝，上体含胸前倾，双臂经前积极用力后摆，并向后上方提腰和摆腿，同时以肩部带动头部向内转体。3. 腾空时双腿左右分开，双臂侧上举成左脚在前的弓步	保护者站在练习者的侧前方，蹬地后上方托其上腰部两侧，帮助其上提和翻转	1. 腾空高度低 2. 方向不正	1. 辅助练习：高抬步后，右脚前伸落地（膝盖不超过脚尖），双腿屈膝，双臂经上、积极向后上方含胸、提腰，同时做猛烈摆腿侧空翻 2. 在保护下做摆腿侧空翻	1. 动作有明显腾空 2. 方向正、在中心 3. 方向垂直面上翻转线	1. 侧空翻成跪 2. 侧空翻成纵劈叉 3. 侧空翻成横劈叉
5	原地后手翻	1. 双腿弯曲，上体稍前屈，双臂上举 2. 上体后移，当重心即将失去时，蹬腿甩臂、顶髋、身体后屈，双手撑地 3. 经过手倒立后，借助身体的反弹，迅速做顶腰动作，屈体、贯腿，同时双手用力推离地面，上体抬起，双臂前举	1. 保护者站在练习者左侧，用右手托住练习者的腰部，左手扶其腿后部 2. 当练习者手翻转时，保护者托其腰部和大腿加助力 3. 在练习者手翻过来后，托速挡住练习者腰部，防止其后倒	1. 后手翻向前卷 2. 后手翻趴胸	1. 在距练习者身后6厘米处，放略高于其腰部的海绵包，练习者双腿并拢站立，重心后移蹬髋的同时向后摆蹬腿挑髋，头须正直、倒肩，快速后躺在海绵包上 2. 保护者在练习者侧面，一手扶其侧面，另一手帮助其托其大腿，帮助其做后翻成倒立 3. 倒立推手、体会顶肩、提腰，屈体，贯腿动作	1. 蹬地有力、速度快 2. 摆臂挑髋方向准确、撑手时既不杆于地面，也不杆手、双臂垂直于地面 3. 双腿并拢、蹬直	连续串小翻

（二）选学动作

13～14岁单人动作技术训练选学动作有挺身分腿前空翻、原地团身后空翻、踺子后手翻团身后空翻。见表38。

表38　选学动作

序号	名称	动作做法	保护与帮助	易犯错误	训练方法	规格质量	拓展
1	挺身分腿前空翻	1. 从高跷步或原地开始，左（或右）脚前伸落地（膝盖不要超过脚尖），同时上体含胸前倾双臂经前积极用力向后上方摆动，左（或右）脚猛然蹬跳并向后上方摆，同时体前屈，做身靠膝关节和后提腰动作 2. 腾空后抬头，双腿无分前后分开，急速挺胸，向前翻转 3. 当后（或左）脚落地时，用力向上送出，使髋关节向前上方伸送，同时左（或右）腿向前点地站立，左（或右）脚尖在前点地站立，双臂侧上举	保护者站在练习者右侧，左臂托住其腰腹部位，当练习者腾空翻转和翻转到后半身时，换用右手托其腰部，帮助其正确落地	1. 腾空高度低 2. 没有挺胸抬头，动作不舒展	1. 原地站立，左（或右）腿前伸含胸、上体伸落地，贴紧做蹬腿大腿、做蹬腿摆腿和提臂的配合动作 2. 在帮助下做挺身前空翻动作	1. 动作有明显腾空、高度在髋部 2. 后腿摆动幅度大、空中双腿无分分开	挺身前空翻成劈叉
2	原地团身后空翻	由站姿开始，双腿用力，蹬地跳起，双臂积极摆至前上方时，马上制动身，使大腿靠小腿，向后翻转，当翻转过3/4抬头，双臂上举，双腿下伸，身体展，用前脚掌落地，成站姿	1. 保护者站在练习者背侧面，一手扶其背部下部，跟随练习者的起跳节奏，另一手托其大腿后部，帮助其翻转，当练习者落地时，保护者双手前后扶其腹部，帮助其站稳 2. 利用保护带进行训练	1. 起跳倒肩 2. 团身松、翻腰慢、团身转慢	1. 原地做带臂、头颈正直同时做上跳动作。 2. 仰卧、快速、抱腿做带臂、团身动作，要求翻臂、上体翻臂	1. 双手带臂至上方 2. 团身紧、腾空高度在腰以上、翻转快 3. 落地重心稳	1. 团身后空翻成跪姿 2. 团身后空翻翻成横劈叉

续表

序号	名称	动作做法	保护帮助	易犯错误	训练方法	规格质量	拓展
3	踺子后手翻团身后空翻	1. 踺子含胸、提腹、推手，贯腿连贯流畅 2. 后手翻快速推手、踝关节紧住，快速蹬地发力 3. 立肩，带臂做团身后空翻 4. 在翻转过 1/2 以后，根据空翻动作的高低，选择不同的开腿时间和方向	1. 保护者站在练习者的后方，双手扶其后腰部，将其托起，扛在肩上，使其体会充分起跳后团身 2. 保护者站在练习者后手翻落地点的侧面，一手扶其背部下部，跟随练习，当练习者的起跳后翻转时，另一手托其大腿后部，帮助其翻转，帮助其落地时，保护者双手前后扶其腹部，帮助其站稳	1. 踺子后手翻连接不流畅 2. 起跳倒肩，带臂不充分	1. 在保护下做踺子后手翻起跳 2. 在保护下做空翻，保护者站在练习者侧前方，托其腰腹部两侧，帮助其提和翻转，保护者站在练习者的侧前方，在练习者蹬地后托其腰部两侧，帮助其提和翻转	1. 动作方向正，在一条直线上 2. 后手翻双腿并拢 3. 后空翻高度过高，团身紧	一

六、必学与选学动作（15～18岁）

（一）必学动作

15～18岁单人动作技术训练必学动作有手倒立前翻360°成坐姿、头手翻、单臂坐撑后软翻、单臂肘水平、原地跳转360°成纵劈叉、鱼跃前滚翻。见表39。

表39 必学动作

序号	名称	动作做法	保护与帮助	易犯错误	训练方法	规格质量	拓展
1	手倒立前翻360°成坐姿 360°	1. 由前后分腿站立开始，上体前屈，双手在体前撑地（五指分开，双手相距与肩同宽）。 2. 前脚掌蹬地，后腿向前摆起，当身体重心接近支撑垂直线时，蹬地前腿与摆动腿并拢，紧腰，成倒立。 3. 倒立向前倒同时右臂为轴转体，左体离持，以右臂为轴转体，身体保持"直棍式"。 4. 右脚着地，屈髋，成坐姿。	保护者站在练习者侧面，双手提住练习者的踝关节，帮助其移动重心和转体	1. 倒立不直，转体重心不在主力手上。 2. 身体松散，腿部弯曲	1. 摆倒立。 2. 在地面低双杠上做倒立转体360°	1. 倒立转体"直棍式"。 2. 落地有控制	手倒立前翻360°成仰撑
2	头手翻	1. 由双臂上举直立姿势开始，上体迅速前屈，屈膝下蹲，用双手和头部前上额撑地，经屈体头手直面倒立，当臀部超过支撑垂直面时，双腿猛烈向前上伸展髋关节，同时双手用力推离地面。 2. 身体在腾空时，尽量保持向后展髋屈体，直至双脚落地成弓步	保护者单膝腾立在练习者侧面，当屈体头手直立时，一手托其肩部，一手托其髋部，帮助其完成动作	1. 屈体不紧，膝盖弯曲。 2. 推手、展髋速度慢，不协调、身体腾空高度不够，展体不充分	1. 下蹲，双手头支撑，蹬腿至屈体头手倒立。 2. 肩肘倒立，双腿展髋头点地，做展髋练习	1. 髋部完全展开。 2. 推手协调发力，有腾空	1. 头手翻成坐姿。 2. 头手翻成跪姿。 3. 头手翻转体180°成仰撑

续表

序号	名称	动作做法	保护与帮助	易犯错误	训练方法	规格质量	拓展
3	单臂坐撑后软翻	1. 坐地，左腿伸直，右腿屈膝，左手撑于左臀部后方 2. 右脚蹬地挑髋，同时左腿上踢，左肩顶转，抬头挺胸，右手撑地成分腿劈叉倒立 3. 左脚落地，推手立上身，同时右脚落地，双臂侧举	保护者在练习者左侧，右手扶住其肩部，当练习者左臀部离地时，左手迅速插入其臂下，上托其重量，帮助减轻重量，帮助其肩部顶转，到其劈叉倒立位置	1. 蹬腿挑髋和肩部顶转动作发力不协调 2. 屈膝、勾脚尖	—	1. 蹬腿、挑髋协调用力，动作流畅 2. 经过劈叉倒立过程	—
4	单臂肘水平	1. 从跪坐开始，重心前移，右手扶地，左臂肘关节带至上方，左臂肘关节内旋，撑地（手指向右）支撑右腋窝内，撑地 2. 双脚分开与肩同宽，双腿伸直 3. 上体和双腿同时向上翘起，抬头挺胸，身体充分后展，右手离地，侧举	保护者站在练习者侧面，一手扶其肩部，另一手帮助其膝盖，帮助其确地准确地完成动作	1. 上体低于水平面 2. 双腿高低不一致 3. 屈髋，腿部低于水平面	地面翘背肌练习，停顿时间	1. 抬头，身体充分后展 2. 上体和腿部高于水平面	前后分腿水平
5	360° 原地跳转360°成纵劈叉	1. 由站姿开始，双脚蹬地跳起，双臂经体前至上方，抱于胸前（左手在内，右手在外），右手碰左肩，向左转体 2. 转体快至360°时，发力到纵劈叉位，双手经身体成侧举	保护者站在练习者侧面，当跳转360°快结束时，双手夹住其腹部，稍向上提，控制其面的速度	1. 转体歪斜 2. 落地时没有直接成纵劈叉，有清过过程	1. 原地跳转360° 2. 原地纵跳，成纵劈叉落地 3. 原地跳转180°成纵劈叉	1. 身体重直转体 2. 双腿伸直，纵劈叉落地	原地跳转540°成纵劈叉
6	鱼跃前滚翻	1. 由双臂后举半蹲姿势开始，双臂前摆，同时双脚用力蹬地向前上方跃起 2. 在手撑地后，缓冲屈臂，低头，到肩背着地时，迅速屈体前滚，到肩背前滚，团身屈膝，经蹲身成直立姿势	保护者站在练习者侧前方，当练习者向前跃起时，一手托其腹部，另一手帮助其背部，双手缓冲完成滚翻	1. 蹬地跳起不充分，有蹬直 2. 滚动不圆滑	1. 由蹲立姿势开始，双脚蹬跳，同时向前方远处撑地，做前滚翻 2. 跃过一定高度障碍物做前滚翻	1. 蹬地跃起充分，腾空高度 2. 滚动圆滑，落地远 3. 团身紧，站立稳定	鱼跃挺身前滚翻

（二）选学动作

15～18岁单人动作技术训练选学动作有挺身鱼跃前滚翻、踺子后手翻直体后空翻、前手翻团身前空翻。见表40。

表40　选学动作

序号	名称	动作做法	保护与帮助	易犯错误	训练方法	规格质量	拓展
1	挺身鱼跃前滚翻	1. 由直立姿势开始，助跑，后做单跳双落的起跳、起跳时双臂经前向侧上摆，同时双脚用力蹬地向前上方起跳 2. 接着双腿积极后摆，身体伸直，抬头挺胸 3. 接着双臂前伸，缓冲屈臂，肩下压，双手撑地后，向前滚翻，低头团身，向前滚动，脚着地时，迅速起立	保护者站在练习者侧前方，起做挺身跳时，一手托其腹部，身一手扶其背部，帮助其双手缓冲撑地，完成滚翻	1. 挺身鱼跃跳高度低，另展体不充分 2. 滚动不圆滑	1. 原地挺身跳练习 2. 原地鱼跃前滚翻	1. 腾空高度在胸部，空中展体充分 2. 滚动圆滑	鱼跃挺身空体前滚翻
2	踺子后手翻直体后空翻	1. 踺子含胸、提腹、推手，贯腿连贯流畅 2. 后手翻快速推手、踝关节紧住、快速蹬地发力 3. 立圆、带马、压肩、带手、做直体后空翻	1. 保护者站在练习者后手翻落地点的后方，双手扶其腰部将其托起，使其身体会充分起跳后，扛臂在肩上 2. 保护者站在练习者后手翻落地点的侧面，一手扶其背部下部，跟随练习者的起跳节奏，另一手翻转，帮助其翻后，腿落地时，保护其腹部，帮助其站稳	1. 踺子后手翻连接不流畅 2. 起跳倒肩，带臂不充分 3. 直体姿势不好，过伸或过屈	1. 在保护下做踺子后手翻起跳 2. 在保护下做踺子后手翻直体后空翻	1. 动作方向正，在一条直线上 2. 踺子翻双腿并拢 3. 直体空翻高度高，"直棍式"	1. 踺子后手翻直体翻成跪 2. 踺子后手翻直体翻成劈叉

续表

序号	名称	动作做法	保护与帮助	易犯错误	训练方法	规格质量	拓展
3	前手翻团身前空翻	1. 前手翻下手肩部和手垂直，注意顶肩推手方向，减少腾空。 2. 并腿后双腿快速下压，利用身体的反弓，主动蹬地快速起跳。 3. 头颈正直、含胸，同时双臂向上伸直做"刀手"提肩动作（拇指上顶，四指下压）。 4. 跳起后迅速低头提臂，团身抱腿，向前翻转。 5. 当身体下落时，双臂上举，伸展身体，用前脚掌落地	保护者站在练习者的侧前方，当练习者起跳落地时，一手向上托其腹部，另一手向上推提其背部。当练习者落地时，一手扶其背部，另一手扶其胸部	1. 前手翻起跳部高度低 2. 前空翻团身不紧	1. 当练习者做前手翻起跳时，保护者在其前面双手前后夹住练习者腰部、腹部。 2. 助跑前空翻帮助翻。 3. 保护者在练习者做前手翻起跳时上手保护，帮助练习者完成团身前空翻	前空翻高度高，团身紧	助跑前手翻前空翻 屈体前空翻

第二节　双人项目专项配合技术训练

一、必学与选学动作（5～9岁）

（一）必学动作

5～9岁双人项目专项配合技术训练必学动作有平衡类和动力类两种。见表41。

表41　必学动作

类别	序号	动作	动作做法	保护与帮助	易犯错误	训练方法	规格质量	拓展
平衡类	1		1."下"沉肩、双臂伸直并垂直于地面，手腕固定用力，固定"上"的踝关节 2."上"腰腹控制用力，双臂垂直支撑"下"的踝关节	保护者站在练习者"上"的体侧，托住"上"的腰腹部，帮助其做出准确动作并保持稳定	1."下"手臂控制不稳定 2."上"塌腰、屈臂	1."上"双脚置于高凳上支撑，手臂与身体成90°夹角，脊柱保持正直 2."下"仰卧，双臂分开与肩同宽，直于地面，双手各握一个哑铃，停时间	1.手腕固定，支撑稳定 2."上"身体成一条直线	"下"双手支撑单腿 "上"

续表

类别	序号	动作	动作做法	保护与帮助	易犯错误	训练方法	规格质量	拓展
平衡类	2		1. "下" 俯撑，双臂伸直与肩同宽，上体与直立，双脚略分（与肩同宽）绷直贴于地面。2. "上" 双手握 "下" 脚踝，做直臂分腿支撑	保护者在练习者侧面，一手扶 "上" 肩部，另一手托 "上" 臂部，防止 "上" 与 "下" 后倒，发生碰撞	1. "上" 双腿在水平面以下。2. "上" 明显屈膝，勾脚尖	1. "上" 肋木悬垂控腿，加强腹部力量。2. "上" 在倒立上做或双杠上做直角支撑	1. "上" 脚尖略高于臀部，或在同一水平面上。2. "上" 臀部与 "下" 小腿距离有明显距离	"下" 一臂支撑，另一臂斜上举
	3		两人均由直角坐撑开始，向后滚动，举臀，翻臀部，当小腿超过头部时，两人双脚搭在一起，向上伸髋，挺直身体同时手撑腰部，成肘部、颈部两侧，肩部支撑的倒立姿势	保护者在练习者侧面，分别抓住练习者一只脚至肩肘倒立踝关节至肩肘倒立	收髋，上体没有完全挺直	1. 单人坐地后滚成肘倒立。2. 团身面对墙坐，后滚动，成胸尖靠墙的肩肘倒立	髋部完全伸展，身体成一条直线	两名同伴以一腿相互支撑，另一腿屈膝前吸或直腿至水平位
	4		1. 左面人（以下简称 "左"）直立，双臂前举。2. 右面人（以下简称 "右"）站在 "左" 对面，"右" 双手撑地（离 "左" 一腿远的距离），做蹬摆腿成手倒立，"左" 双手扶 "右" 小腿或踝关节处	保护者在练习者侧面，当练习者倒立做蹬摆腿成手倒立时，帮助其稳定持动作稳定	"右" 倒立冲肩、塌腰	靠墙或面对教练员做蹬摆腿成手倒立	1. "右" 完全静止，成 "直" 立姿、倒立 "棍式"。2. "左" 站自然，挺拔，没有走步	"左" "右" 扶一腿向后点地，一臂向后斜后举

续表

类别	序号	动作	动作做法	保护与帮助	易犯错误	训练方法	规格质量	拓展
平衡类	5		1. 练习者由面对面站立开始，双手相握 2. 一人伸左腿，一人的前脚伸右腿，两人的前脚掌相抵，腿向上伸展，腿向上掌伸直完全伸直	保护者站在练习者侧面，扶练习者的手臂，帮助其保持动作稳定	1. 屈膝、勾脚尖 2. 晃动、失去平衡	1. 前（后）腿架高10～50厘米，压竖叉 2. 靠墙单腿站立，扳前腿平衡 3. 控前腿平衡	1. 上体正对前方，背部挺直 2. 主力腿伸直	相握的双手松开，做双臂侧举
平衡类	6		1. "下"仰卧，背部贴紧地面，双腿、双臂垂直上举，双手支撑"上"肩部 2. "上"双手掌心向内，扣在"下"的脚心上，双腿手拢伸直	保护者在练习者"下"侧面，帮助固定双腿和双臂	1. "下"双臂和双腿支撑不垂直，晃动大 2. "上"身体没成"直棍式"	1. "下"双臂与双腿上举，双手与双脚分别顶顶重物，停时间 2. "上"双手抓杠，做斜面仰卧	1. "下"双腿、双臂直于地面，且稳定无晃动 2. "上"身体成"直棍式"，胸盖头，膝盖完全伸直	"上"一腿着地，另一腿上举
动力类	1		1. "下"双手握于"上"腰部两侧，下蹲，蹬腿发力，双手向上推起 2. "上"原地垂直起跳 3. 当"上"落地时，"下"双手扶其腋窝处，帮助其稳定重心	保护者站在"上""下"前面，帮助"下"发力	1. "上"起跳不垂直，身体没成"直棍式" 2. "上""下"合力不好，或发力过早，或没有用腿部发力	1. "下"原地深蹲跳 2. "上"原地垂直起跳	1. "下"成"直棍式" 2. "上"腾空高度明显超出"下"位置	1. 托起团身跳 2. 托起分腿跳 3. 托起"直棍式"转体180°

（二）选学动作

5～9岁双人项目专项配合技术训练选学动作有平衡类和动力类两种。见表42。

表42 选学动作

类别	序号	动作	动作做法	保护与帮助	易犯错误	训练方法	规格质量	拓展
平衡类	1		1. "下"仰卧，屈膝，双腿并拢，脚后跟夹紧，前脚掌略微分开，臀部偏上位置，双手与"上"相握 2. "上"重心后移的同时，蹬直双腿，双臂和双腿在垂直位置支撑成仰平衡姿势	保护者站在练习者侧面，一手扶于与"上"肩部，另一手托"上"大腿后部，帮助其完成动作	1. "下"双脚和脚型支撑位置不正确 2. 晃动大	1. "上"控腹肌练习 2. "下"仰卧，双腿侧置于掌上支撑直举重物，停时与同	1. "下"直膝垂直，与地面动无晃动 2. "上"身体有控制，直膝，绷脚头部、肩部、腰部、臀部在同一条直线上	1. "上""上"双腿垂直上举 2. 腿垂直"上"支撑仰平衡姿成势
	2		两名练习者背对背站立，各自向前跨出一步，双手在各自的前方撑出地，另一腿后举，脚背与脚背，将各自的重心移至双臂和相互支撑的后脚处，另一脚离地且屈膝，脚尖相抵	保护者站在练习者侧面，双手扶相互支撑的双脚，稳定其重心	倒立冲肩，塌腰	1. 从腿在地面的俯撑开始训练，逐步增加腿的高度和支撑时间 2. 双手撑地，一腿支撑于高处（肋木或墙上），另一腿弯曲，离地	1. 髋部完全伸展，上体与腰、腿部成一条直线 2. 双臂分开与肩同宽与重心垂直 3. 倒立稳定静止	—
	3		1. "下"双膝跪地，抬头，双臂上举，直髋夹臂，两拇指相扣，做支撑状 2. "上"双手撑成倒立，一侧小腿弯曲，踝关节置于"下"双掌间	保护者在练习者侧面，蹲摆腿成手倒立，扶腿停稳，以便"上""下"抓住"下"弯曲腿的踝关节	1. "上"倒立冲肩、塌腰 2. "下"屈髋，双臂没有垂直支撑，不稳定	1. "上"蹲摆成倒立，腿成手倒立 2. 在保护者的帮助下完成动作	1. "上"完全静止，成"直棍式"倒立 2. "下"双臂垂直上举，与髋、膝盖成一条直线	"下"一手握住踝关节，另一手"上"踝，另一手臂侧举

续表

类别	序号	动作	动作做法	保护与帮助	易犯错误	训练方法	规格质量	拓展
动力类	1		1. "下" 下蹲，蹬腿发力于 "上" 腰部两侧，双手向上推起；至最高点时，右手向前给 "上" 左手向左转动的力，右手向后，给 "上" 顺势转转体 2. 当 "上" 落地时，"下" 双手扶其腰胯处，帮助其稳定重心	保护者站在 "上" 前面，帮助 "下" 转动发力	1. "上" 起跳不垂直，身体没成 "直棍式" 2. "上" 转体过早 3. "下" "上" 配合不好，或没有用腰部发力	1. "下" 原地深蹲跳 2. "上" 原地垂直起跳	1. "上" 成 "直棍式" 2. "上" 双脚腾空高度明显超过 "下" 腰部位置	托起 "直棍式" 转体360°

二、必学与选学动作（7～12岁）

（一）必学动作

7～12岁双人项目专项配合技术训练必学动作有平衡类和动力类两种。见表43。

表43　必学动作

类别	序号	动作	动作做法	保护与帮助	易犯错误	训练方法	规格质量	拓展
平衡类	1		1. "下" 仰卧，屈臂，双腿垂直高举 2. "上" 双手分别抓住 "下" 脚底部位，双脚站在 "下" 双手上 3. "上" 蹬跳撑起的同时，双腿蹬直至 "下" 双手推起，双腿蹬直至地面垂直位置	保护者在侧面，加强 "下" 双腿的稳定性，帮助 "上" 至准确位置	"下" 双腿不垂直，晃动大	"下" 仰卧，双手握适重的哑铃练习推举和直臂停时间	"下" 直膝且能完全控制 "上" 的重心、稳固	1. "下" "上" 双臂支撑 2. "上" 一腿支撑，控后腿平衡

续表

类别	序号	动作	动作做法	保护与帮助	易犯错误	训练方法	规格质量	拓展
平衡类	2		1. "右"做单足桥，一腿上举 2. "右"单腿站立，另一腿前上举，脚尖与上举腿的脚尖相抵	1. 保护者站在"右"侧面，帮助稳定其上举的腿 2. 注意"左"的动作稳定性，随时准备保护	1. 明显屈膝 2. 明显晃动	1. "左"背靠把杆站立，双手扶把杆，练习向前踢腿、控腿 2. "右"下桥，一腿屈膝吸腿，然后垂直地面上举至地面垂直位置，保持稳定时间 3. "左"、"右"两人单个练习稳定后再组合起来	1. "右"单足桥上举腿与地面垂直，无前倾角 2. "左"主力腿直膝，上体正直，前脚对前方，前脚尖且朝脚尖外旋直	"右"单足桥，一腿垂直上举；"左"燕式平衡，后腿脚尖与上举腿的脚尖相抵
	3		1. "左"一脚后点地，一臂前举，另一臂斜后上举 2. "右"站在"左"对面，双手撑地（离上举腿远的距离），做原地蹬摆腿成手倒立，"右"小腿或踝关节处	保护者在练习者侧面，当"右"蹬摆腿倒立时，帮助其保持动作稳定	"右"倒立冲肩、塌腰	靠墙或面对教练员做蹬摆腿成手倒立	1. "右"完全静止，成"直棍式"倒立 2. "左"站姿自然，挺拔，没有走步	"左"单腿站立，控后腿平衡
	4		1. "下"纵劈叉，一手上举，另一手上举，体前举，抬头后仰 2. "上"双手撑在"下"后腿踝关节的两侧，做蹬摆腿成劈叉倒立 3. "下"抓住"上"后腿踝关节，固定住上体支撑，双眼平视前方	保护者站在侧面，帮助"上"稳定劈叉倒立	1. "上"倒立冲肩，双腿没有分开至劈叉位置 2. "下"上体没有正直对前方，有正对前方，支撑不稳定	1. "上"在保护者帮助下练习蹬摆劈叉倒立，力求准确，有控制 2. "下"纵劈叉，一手于体侧撑地，另一手摆哑铃，垂直上举，停顿时间，哑铃或重量逐步增加	1. "下"纵劈叉成一条直线，后腿贴地，脚尖、膝盖完全伸直 2. "下"身体正直对前方，垂直上举，单臂支撑，手腕固定，支撑稳定 3. "上"劈叉倒立，双腿成一条直线	"下"纵劈叉"上"双臂支撑倒立，塌腰垂腿

续表

类别	序号	动作	动作做法	保护与帮助	易犯错误	训练方法	规格质量	拓展
平衡类	5		1. 两人相向站立，"下"脚尖向前，双脚平行与肩同宽站立，"上"直立；"上"掌心向下，相互抓住对方的手腕。 2. "下"半蹲同时双手上托，借助"下"的力量，"上"双脚依次站在"下"的双腿上，股四头肌部位。 3. "下"重心下沉，背部略向后靠，"上"向后上方站直，有45°左右的倾斜，互相牵引	保护者站在上方，双手扶其腰部，上提，帮助"下"站在"下"的双腿上，并帮助其稳定重心	"下"马步的大腿明显高于水平面，马步架子晃动，不稳固	1. "下"蹲马步 2. "下"坐于马步与凳子等高的凳子上，做此动作	1. "上"和"下"的双臂伸直 2. "上"膝盖、小腿，大腿一条直线伸展 3. 重心稳定，姿态舒展	"下"和"上"同侧手相握，另一侧手臂斜后举
	6		1. "下"仰卧，屈髋、屈腿，双脚后跟夹紧，脚做分开支撑于"上"的髋部，双手与"上"对面握手。 2. "下"双腿蹬直伸臂位置。 3. "上"到造型位置，做双手支撑的腹平衡	保护者站在侧面，一手扶"上"肩部，另一手顺势托其大腿，送至准确位置	1. "下"支撑位置不准确，在髋部 2. "上"收髋，腹部低于水平面	1. "下"双臂与双腿垂直于地面上举，停时同 2. "上"在地面做两头翘背肌和控背肌训练	1. "下"直膝且稳固，能完全控制重心 2. "上"腹平衡的上体与腿部明显高于臀部	"下"双腿顶"上"腹平衡
动力类	1		1. "下"双手握于"上"腰部两侧，蹬腿发力，下蹲向上推起 2. "上"下蹲地与"下"蹬直一起跳一团身 3. "上"当落地时，双手扶其腹胯处，帮助其稳定重心	保护者站在侧面顶，当"上"落地时，双手前后扶"上"其腹部，帮助其稳定重心	1. "上"腾空高度低 2. "上"团身不紧，上身前倾	1. "上"原地垂直起跳，双人原地垂直跳 2. "下"屈双臂，持适重杠铃于干腹前，做深蹲一起跳同时推手上举	1. "下""上"发力和起跳节奏一致，有明显的腾空高度 2. "上"团身紧	"上"屈体分腿跳

(二) 选学动作

7~12岁双人项目专项配合技术训练选学动作有平衡类和动力类两种。见表44。

表44 选学动作

类别	序号	动作	动作做法	保护与帮助	易犯错误	训练方法	规格质量	拓展
平衡类	1		1. "上"前"下"后同向站立 2. 双手普通握,"下"双脚平行与肩同宽,脚尖向前,膝盖的垂线不超过脚尖,大腿略高于水平面 3. "上"双脚依次站在"下"股四头肌部位,向前上方挺胸,抬头站立,同时"下"重心下沉,背部略向后靠,形成平衡	保护者站在"上"侧面,双手前后扶其腰腹部,顺势帮助其稳定重心	"下"马步架子晃动,不稳固,大腿明显高于水平面	1. "下"马步静蹲 2. 在保护"下",进行双人配合训练	1. 双臂伸直,"上"髋部伸展,膝盖伸直,姿态稳定,舒展	1. "上"左腿站在"下"左腿上,右腿屈膝前吸腿 2. "下"做左腿在前的弓步
	2		1. "下"仰卧,"上"掌心贴紧,双臂垂直支撑,髋部,四指,双手拇指尽量掌拢分开握紧"上"髋部 2. "上"做俯平衡,头部与脚部用力背起 3. "下"可通过手腕用力调节"上"的重心	保护者站在侧面,双手分别托于"上"的胸部和大腿下方,帮助"上"稳定重心	1. "下"双臂晃动,手腕无法固定 2. "上"收髋,头部与脚部低于手臂部位置	1. "上"地面控制的背肌练习 2. "下"仰卧,双手持哑铃或杠铃,停时间	1. "下"直臂稳固,能完全控制"上"的重心 2. "上"腹平衡,充分背伸,头部与脚部两边明显高于臀部	1. "上"仰平衡,"下"手握手腕 2. "上"仰平衡,双手侧举
	3		1. "下"仰卧,背肩紧贴地面,前臂垂直地面做屈臂支撑 2. "下"双手掌根正对前方,手掌摊平,大鱼际与小鱼际在同一水平面,手腕固定在,成25°~35°斜坡 3. "上"双手与"下"双手相握,做分腿支撑	1. 保护者跪在"下"侧面,帮助其固定手腕 2. 保护者在"上"关注"上"时的重心,发现不稳,快速扶其臀部,扶住其肩部,以免其摔下	1. "下"手腕固定不稳定 2. "上"分腿支撑的脚尖低于手腕,明显勾脚尖,"勾脚尖" 3. "上"双腿夹肘,借力	1. "上"在倒立架或墙立处双杠上做直角支撑 2. "下"仰卧,屈臂负重支撑	1. "下"手腕支撑稳,平整 2. "上"双腿直膝,绷脚尖,双腿水平或略高于水平面	1. "下"仰卧,屈臂支撑并腿直角"上" 2. "下"直臂支撑,"上"分腿支撑

续表

类别	序号	动作	动作做法	保护与帮助	易犯错误	训练方法	规格质量	拓展
动力类	1		1. "下"双手握于"上"腰部两侧，下蹲，蹬腿发力，双手向上推起 2. "上"下蹲一起跳—屈体 3. 当"上"落地时，双手扶其腋窝处，帮助其稳定重心	保护者站在侧面，当"上"落地时，双手前后扶住其腹部，帮助其稳定重心	1. 腾空高度低 2. 当"上"屈体时，双腿位置低于水平面	1. "上"原地垂直起跳、原地屈体分腿跳 2. 双人原地垂直跳 3. "下"屈双臂持适当重铃片于腹前，做深蹲—起跳同时推手上举	1. "下""上"发力和"上"起跳节奏一致，"上"腾空有明显的高度 2. "上"屈体分腿、上体前屈，双手至脚尖位置，双腿平或略高于水平面	"上"屈体分腿跳转体180°落地

三、必学与选学动作（9～16岁）

（一）必学动作

9～16岁双人项目专项配合技术训练必学动作有平衡类和动力类两种。见表45。

表45　必学动作

类别	序号	动作	动作做法	保护与帮助	易犯错误	训练方法	规格质量	拓展
平衡类	1		1. "下"仰卧，屈膝，双腿并拢，脚后跟夹紧，前脚掌略分开支撑于"上"臀部偏上位置，双手与"上"相握 2. "上"重心后移的同时，蹬直双腿，双臂和双腿在垂直位置支撑，成仰平衡姿势	保护者站在练习者侧面，一手扶"上"肩部，另一手托"上"大腿后部，帮助其完成动作	1. "下"双脚的支撑位置不正确 2. 晃动过大	1. "上"控腹肌练习 2. "下"仰卧，侧面，双手置于地面，双腿上举，垂直上举重物，停时间	1. "下"直膝目与地面垂直，无晃动 2. "上"身体直，有控制，绷脚尖、膝、髋、腰部、肩部、臀部在同一条直线上	1. "上"双腿垂直上举 2. "下"单腿支撑平衡
	2		1. "下"右（或左）弓步，"上"站在"下"左（或右）侧 2. "下"握"上"手腕，左（或右）脚踩于"下"大腿前部，同时，"上"顺势上提，双臂侧举成吸腿站姿	保护者站在侧面，"上"双手前后扶其腰部和臀部，顺势提，帮助"上"稳定重心	1. "下"屈膝不够，后腿膝盖弯曲 2. "下"弓步架不稳定，架子松 3. "上"左脚站立位置不对	1. "上"在海绵凳上放包，做单脚站立平衡练习 2. "下"坐于高凳子扶手上，与小腿同高，"上"腰、手扶"下"部，在保护者帮助下练习吸腿站立	1. "下"大腿成水平，脚尖稳定支撑 2. "上"完全直立，挺胸、收腹，抬头，吸腿的脚尖在另一腿的膝盖以上	1. "上"双手抱前腿平衡 2. "上"侧扳腿平衡

续表

类别	序号	动作	动作做法	保护与帮助	易犯错误	训练方法	规格质量	拓展
平衡类	3		1. "下"仰卧，背部紧贴地面，展肩，双肘置于体侧，前臂垂直地面做屈臂支撑 2. "下"双手掌根正对前方，手摊平，大鱼际与小鱼际在同一水平面，手腕固定用力，成25°~35°斜坡，脚 3. "上"面对前方，垂直站立	1. 保护者面对"上"，双腿分开站立 2. 双手扶持同"上"腰部，帮助"上"顺势上提，帮助"上"到准确位置	1. "下"手腕和前臂力量不足，无法保持稳定，无法控制"上"的重心 2. "上"腰腹部和踝关节松	1. 一名保护者帮助"下"固定手腕 2. 另一名保护者站在对面，双手扶持"上"双臂扶助其站立	1. "下"手腕平整，固定，支撑稳 2. "上"完全直立，挺胸，收腹，抬头	"下"直臂支撑，"上"站立
	4		1. "下"仰卧，背部紧贴地面，双脚分开屈膝（同肩宽），双臂垂直上举支撑于"上"的肩部 2. "上"双手撑于"下"股四头肌位置，成倒立	保护者在侧面帮助"上"蹬摆腿至倒立	"上"倒立塌腰、收髋	1. "上"手撑倒立掌心或小高凳上，双脚蹬地成倒立姿势 2. 靠墙双腿蹬地成倒立	1. "下"膝盖稳定，无晃动 2. "上"完全直，成倒立，棍式，不歪斜	"上"做塌腰倒立
	5		1. "下"单臂支撑，髋部、腰部与身体在同一水平面，大腿与身体垂直，膝盖固定 2. "上"站在"下"大腿前部	保护者面对"上"，扶其双手，助其稳定重心	"下"收髋，手臂弯曲	1. "下"双手双脚撑地，保持髋部平稳固定 2. "下"单臂支撑顶髋练习	1. "下"大腿水平稳定，支撑牢固 2. "上"站姿挺拔	"上"单腿吸腿平衡，倒立
	6		1. "上"双脚前脚掌站在"下"的颈部两侧，脚后跟微夹，小腿胫骨紧贴"下"头后部，站姿自然，双脚分开与肩同宽，头须正直，收腹挺胸，双手均匀五指并拢，作用于"下"小腿后侧上方	保护者站在"上"后方，"下"双手握"上"小腿，帮助其稳定重心	1. "下"立距太小，开立太大或"上"两脚离太大小，松散 2. "上"屈膝站立	1. 借助掌墙高梯，双手扶栏梯站在"下"肩上，停时间 2. 在保护带上进行练习	1. "下"站立稳，无晃动 2. "上"直膝，站姿挺拔	1. "下""上"扶"上"吸腿侧平衡 2. "下""上"扶腿后倒立平衡

续表

类别	序号	动作	动作做法	保护与帮助	易犯错误	训练方法	规格质量	拓展
动力类	1		1. "上"做原地下蹲一起跳，重心略做前移 2. "下"与"上"节奏一致，下蹲一蹲腿一顶肩 3. 当"下"落地时，"上"双手托其上臂靠近腋窝处，扶持	1. 保护者站在"上"侧面，当"上"落地时，双手前扶其后腰腹部 2. 保护者要时"上"刻注意其重心，防止其向后倒	1. "下"直立不动或"上"腾空中节奏与"上"不一致 2. "上"腾空时身体不垂直	1. "上"站在下，高凳上下蹲跳，注意空中姿态 2. "上"借助"下"带完成动作	1. "上"有明显腾空 2. "上"带臂起跳动作清晰，髋部完全伸直，姿态好	一
	2		1. "下"双脚分开（与肩同宽），屈膝半蹲，左手在下，右手在上，握住"上"的右前脚掌 2. "上"双手扶"下"肩部，踝关节固定，快速蹬腿一带臂一起跳，同时"下"自腿部开始快速垂直发力至指尖，把"上"抛成"直棍式" 3. 当"上"落地时，"下"双手靠近腋窝处，扶持	保护者站在"上"后方，顺势扶其后腰部，帮助其增加腾空高度和落地稳定性	1. "上"踏跳，踝脚跟踩不准，蹬立关节松，蹬立不垂直 2. "下"上抛速度慢，力量小	1. "上"反复练习单腿蹬，形成正确的技术概念 2. "下"半蹲，"上"在其手上做蹬立动作 3. "下"半蹲握住杠铃的一头，做抛起动作	1. "上"和"下"蹬、抛发力一致，空中高度高 2. "上"空中姿态好，身体正直，落地有控制	膝抛直棍转体180°

（二）选学动作

9～16岁双人项目专项配合技术训练选学动作有平衡类和动力类两种。见表46。

表46　选学动作

类别	序号	动作	动作做法	保护与帮助	易犯错误	训练方法	规格质量	拓展
平衡类	1		1. "下"双脚左右分开与肩同宽，前后站立，髋部正对前方，双臂垂直上举与肩同宽，手掌摊平，掌根正对前方，大鱼际与小鱼际同一水平面，成25°～35°斜坡 2. "上"五指分开，掌心舒展，手掌前缘和"下"掌根相对，双手尽可能增大接触面积，做分腿支撑	保护者站在"下"后方，双手扶持"上"手腕，帮助其固定	1. "下"手臂弯曲，肩部有明显夹角 2. "上"双腿在水平面以下，屈膝，勾脚尖 3. "上"双腿夹肘，借力	1.借助靠墙高梯，"上"双手扶梯站在"下"高双臂上，停时间 2. "上"在"下"脚上，架或双杠上做直角支撑	1. "下"双臂垂直支撑，无肩角，手腕平整固定 2. "上"在倒立，双臂伸直，双腿在水平面以上	"上"在"下"高双臂上做直角支撑
	2	3秒	1. "下"双腿前后分开与肩同宽，双臂支撑 2. "上"在"下"肩上同向站立 3. "下"双腿蹬直，双腿经体侧并拢成倒立	保护者面对"下"站在"下"高凳上，双手扶"上"髋部顺势帮助其到倒立位置	1. "下"站立不稳，塌腰，肘关节下垂，手腕支撑无力 2. "下"手掌不正，手腕不平 3. "上"倒立冲肩，塌腰	1. "上"手撑在倒立架或小高凳上，双脚蹬地成倒立姿势 2. "上"站在"下"肩上，屈臂支撑，停留时间	1. "下"站立稳，顶控有力，自如，无晃动 2. "上"倒立正直，紧，静止	双人屈臂分腿倒立
动力类	1		1. "下"双脚分开与肩同宽，左手在下，右手在上，托住"上"的右前脚掌 2. "上"双手扶"下"肩部，踝关节一起跳，快速蹬腿，"上"自腿部开始快速垂直发力，在"上"指尖，把"上"抛式，"直棍式" 3. 当"上""下"落时，"下"双脚，落回对面对肩的位置	1. 在保护带的帮助下进行练习 2. 保护者站在"下"侧面，时刻关注"上"，当"上"失去重心时，及时保护	1. "上"踏跳踩不准，踝关节蹬立不垂直松，蹬立不垂直 2. "下""上"抛速度慢，"上"没有腾空高度 3. "下"接住"上""上"重心走后不稳，"下"走步	1. "上"反复练习单腿蹬，立起动作，形成正确的技术概念 2. "下"半蹲，"上"在其手上做蹬立动作 3. 在保护带的帮助下，做屈膝站棍站肩动作	1. "上"和"下"一致，蹬发力力，抛空高度高腾空高度 2. "上"空中姿态好，身体正直，站肩稳定有控制	"上"屈膝抛棍转体180°站肩

四、必学与选学动作（11～18岁）

（一）必学动作

11～18岁双人项目专项配合技术训练必学动作有平衡类和动力类两种。见表47。

表47 必学动作

类别	序号	动作	动作做法	保护与帮助	易犯错误	训练方法	规格质量	拓展
平衡类	1		1. "下"仰卧，背部紧贴地面，展肩，双臂垂直地面，直臂支撑 2. "下"双手掌根正对前方，大鱼际平，手掌摊平，大鱼际与小鱼际在同一水平面，成25°～35°斜坡 3. "上"与"下"双手成普通握，"上"做分腿支撑	保护者站在"上"后方，根据情况，握住"下"的手腕，或是固定双手，为"上"提供稳定的支撑	1. "下"手腕松，不固定 2. "上"分腿支撑的胸部，明显屈膝，勾脚尖 3. "上"双腿夹肘，借力	1. 在倒立架或双杠上做直角支撑 2. "下"仰卧，做直臂负重支撑和推举练习	1. "下"手腕平整，支撑稳 2. "上"双腿直膝，绷脚尖，双腿平或略高于水平面	"下"直臂支撑，"上"直角支撑
	2		1. "下"腰部、髋部上顶，大腿与身体在同一水平面，膝盖固定，一臂撑地，另一手扶"上"踝关节直臂支撑 2. "上"双手撑在"下"的直立做倒立	保护者面对"下"膝盖站立，当"上"双手撑于"下"双腿时，双手扶"上"腰，顺势帮助"上"从侧面胯腰摆腿到相应位置	1. "上"倒立冲肩、塌腰 2. "下"屈髋、屈膝，腰部顺直垂直手臂没有固定支撑，不稳定	1. "上"手撑于倒立架或小高凳上，蹬地成倒立姿势 2. "下"腰部、上顶，大腿与身体在同一水平面，膝盖固定，另一臂撑地，一臂定铃，手顶定铃	1. "下"大腿成水平稳定、牢固 2. "上"完全静止、倒立正、直、紧	"上"劈叉倒立

续表

类别	序号	动作	动作做法	保护与帮助	易犯错误	训练方法	规格质量	拓展
平衡类	3		1．"下"双脚平行站立与肩同宽，下蹲，大腿尽量垂直，身体尽量保持水平，双手扶"上"髋部 2．"上"双手撑在"下"的大腿前部做倒立，双腿膝盖紧贴，一腿屈膝	保护者面对"下"站立，双手扶"上"髋部，帮助其摆腿成手倒立，维持动作稳定	1．"下"臀部高于膝盖位置 2．"上"倒立冲肩、塌腰	1．"下"靠墙马步蹲 2．"上"手撑于倒立架或小高凳上，蹬地摆腿成倒立姿势 3．"上"靠墙倒立	1．"下"大腿成水平稳固牢固 2．"上"倒立完全静止，成"直棍式"	"下"弓步，"上"在"下"前腿上做倒立
	4		1．"下"站姿自然，收腹挺胸，头须正直，双肩外展，五指并拢，作用于"上"小腿后侧上方 2．"上"一脚站在"下"的大腿前吸，另一腿前举打开，踝关节固定，一侧肩上，臂自然平举，小腿胫骨紧贴，站姿自然，头收腹挺胸后部	1．保护者站在"下"面，扶"上"小腿帮助其稳定重心 2．关注"上"的稳定性，当"上"双失重落下时，及时保护	1．"下"双脚站立位置不合理，塌腰、体松散 2．"上"髋部直立、屈膝	1．"上"单手扶把杆控前腿平衡 2．"上"在地面控前腿平衡 3．借助靠墙高梯，"上"双手扶梯站在"下"肩上，停时间	1．"下"站直，稳，不晃动 2．"上"上身挺直，主力腿完全站直，完全站稳重心稳 3．"上"和"下"的重心在同一条直线上	"上"做燕式平衡

续表

类别	序号	动作	动作做法	保护与帮助	易犯错误	训练方法	规格质量	拓展
动力类	1	转体180°	1. "下"双脚分开（与肩同宽），屈膝半蹲，左手在下，右手在上，握住"上"的右前脚掌。 2. "上"双手扶"下"肩部，快速踏腿、同时"上"自腿踝关节固定、蹬腿一起跳，臂一起跳，同时"上"自腿部开始快速垂直发力至指尖，把"上"抛离，在空中转体180°。 3. 当"上"落地时，双手托其上体，扶持"下""下"。	保护者站在"上"后方，顺势扶其腰部，帮助其增加和腾空高度落地稳定性	1. "上"蹬腿起跳不充分，转体过早。 2. "下"上抛速度慢，力量小	1. "上"反复练习单一起动作，形成正确的技术概念。 2. "下"练习原地跳转体180°"直棍式"。 3. 在其手上做蹲立动作"上"半蹲，双手握住栏终的一头，做抛起转动作。 4. "下"半蹲	1. "上""下"蹬、抛发力一致，"上"腾空高度高。 2. "上"空中姿态好，落身体正直，落地有控制	膝抛"直棍式"转体360°
	2	转体180°	1. "上"仰卧，"下"一臂托其背部中部，另一臂托其大腿中部。 2. "下"平稳下腾，从腿部开始快速发力直至指尖，将"上"抛出，至最高点时双手手腕略微内扣，"上"顺势向内转体180°，同时屈膝缓冲。 3. "下"双手高接，屈膝缓冲	保护者在侧面帮助"下"抛起"上"，接住"上"	1. "上"腾空高度过低。 2. "上"转身点时松腰	1. 仰平衡抛接，连续多次。 2. "上"在地面平躺做转体练习	1. "上"腾空高度高。 2. "上"腿夹紧，上体和腿部是一个整体完整转体	仰平衡抛起转体360°

(二)选学动作

11～18岁双人项目专项配合技术训练选学动作有平衡类和动力类两种。见表48。

表48　选学动作

类别	序号	动作	动作做法	保护与帮助	易犯错误	训练方法	规格质量	拓展
平衡类	1	3秒	1. "下"左右分腿站立，背部挺直，双眼平视前方，下颌微收，头部、颈部、脊椎成一条直线，气沉丹田，用腹式呼吸，支撑手固定，与头顶保持水平位置 2. "上"一手与"下"的头顶支撑，另一手支撑于"下"失臀位置做分腿支撑，双脚高于臀部	1.保护者站在"下"后方，帮助"下"固定头支撑点 2.密切注意"上"的动作，当发现"上"失重时，及时保护	1. "下"站立不稳，塌腰，头部不固定，支撑手臂不固定 2. "上"双腿低于水平面，屈膝，勾脚尖	1. 在地面上做直角支撑练习进行 2. 在保护帮助下带上进行训练	1. "下"身体直立，手腕、头部固定，支撑稳 2. "上"臀部、腿部重心高，平或高于水平面	"上"做一手支撑头一手支撑的肘水平
	2		1. "下"仰卧，背部紧贴地面，双臂伸直于地面，直臂掌根正对前方 2. "上"自直角支撑开始，提臀、含胸顶肩，双腿靠近上体侧分，经体侧分至并腿倒立位置	保护者站在"上"前面，双手扶其腰部帮助其提起成手倒立	1. "上"提肩时明显塌肩、冲胸，过早翻臀成三道弯 2. "下"双臂弯曲，支撑不稳定	1. "上"靠墙倒立体屈体慢起手倒立 2. "下"仰卧直臂分腿支撑 3. "下"仰卧直臂双臂倒立 4. 帮助"上"做完整动作练习	1. "下"双臂伸直垂直支撑，手腕固定 2. "上"动作连贯，过程匀速，不停顿 3. "上"双臂倒立成"直棍式"	—

续表

类别	序号	动作	动作做法	保护与帮助	易犯错误	训练方法	规格质量	拓展
动力类	1		1. "下"站在"上"毽子起跳正后方,当"上"毽子起跳的一瞬间,果断、腰髋连接部后仰,用力将"上"朝头后上方抛出 2. "上"起跳带臂,抛出后收腿、团身、翻臀、开腿后转地 3. "下"抛完"上"的腋窝和上臂连接处,帮助其落地站稳	保护者站在"下"侧后方,当"上"落地时,双手前扶其腰腹部,防止其翻转过度或不足	1. "上"的起跳与"下"的抛起配合节奏不一致,有空隙,形成"推空" 2. "上"团身不紧	1. 辅助练习:当"上"起跳时,"下"上前双手托举"上"至头顶(不放手),然后再放下,保护者站在侧面保护 2. 当辅助练习熟练后,再在保护下或在保护带上完成	1. "上"和"下"协调配合发力,"上"起跳充分,"上"起跳高腾空高 2. "上"团身紧,空翻落地前有明显的开腿展体动作	毽子托抛直体后空翻

第三节　三人项目专项配合技术训练

一、必学与选学动作（5～9岁）

（一）必学动作

5～9岁三人项目专项配合技术训练必学动作有平衡类一种。见表49。

表49　必学动作

类别	序号	动作	动作做法	保护与帮助	易犯错误	训练方法	规格质量	拓展
平衡类	1		1. "下"和"中"脚尖相对，屈膝坐地，双手撑于臀部后面，顶髋，成双臂拱形支撑 2. "上"在拱形架上做腹平衡	保护者面对拱形架，帮助顶髋，固定重心	1. "下"和"中"屈髋 2. "上"腹平衡的上体和双腿低于水平面	1. "下"和"中"屈膝坐地，双手撑于臀部后面，十指向前，双臂顶髋，双臂撑直撑于地面，停时间 2. "上"在地面练习腹平衡	1. 拱形支撑部完全顶开，大腿和上体在同一水平面 2. "上"腹平衡的上体和双腿在水平面以上，双腿并拢，直膝，绷脚尖	"下"和"中"做单臂拱形支撑，"上"做腹平衡
	2		1. "下"和"中"并排站立，分别做内侧腿跪地的单膝跪地 2. "上"双手分别撑于"中"和"下"的胸髋部位，做分腿支撑，"上"与"中"同向	保护者站在侧面，注意"上""下""中"之间的配合，避免发生碰撞	1. "上"分腿支撑的双腿低于水平面 2. "下"和"中"髋部没有顶直	1. "上"在地面练习分腿支撑，"下"和"中"单膝跪地，双手上举重物，静止20秒以上	1. "上"分腿支撑的双腿平或高于水平面，髋部顶开，上体挺拔	"上"在"下"前腿和"中"后腿上做分腿支撑

续表

类别	序号	动作	动作做法	保护与帮助	易犯错误	训练方法	规格质量	拓展
平衡类	3		1. "下"和"中"各自做外侧腿在前的纵劈叉，"上"面对"下"和"中"的纵劈叉站立，双手撑"下"纵劈叉前脚尖的位置，做前腿弯曲、后腿伸直的劈叉倒立。 3. "下"和"中"的内侧腿伸直，"上"的内侧手扶持"下""上"踝关节	保护者站在"上"侧面，帮助其稳定倒立	1. "下"和"中"纵劈叉屈髋离地、屈膝、勾脚尖胸朝上 2. "上"倒立冲肩或拉肩，后腿伸没有打开，后腿高于水平面	1. "下""中"双臂劈叉侧举、停时间 2. "上"在保护下做竖叉倒立	1. "上"劈叉在一条直线上、屈膝、勾脚尖 2. "上"倒立角没有直角	—

（二）选学动作

5～9岁三人项目专项配合技术训练选学动作有平衡类和动力类两种。见表50。

表50 选学动作

类别	序号	动作	动作做法	保护与帮助	易犯错误	训练方法	规格质量	拓展
平衡类	1		1. "下"仰卧，双腿垂直上举，"中"背对"下"双腿站立，向后下胸腰，肩背部躺在"下"双脚上，上臂向后屈曲 2. "下"屈双臂放在身体两侧，"上"双手和"中"相握，双脚站在"下"双手上 3. "中"推直双臂，同时"上"向上直双臂 4. "上"一手重叠支撑"上"，另一手双手重叠支撑"上"	保护者站在"上"后面，双手扶"下""上"髋部，顺势上提，使"上"到造型"下"位置，帮助其稳定重心	1. "下"屈臂，手腕松 2. "上"屈膝，站姿不挺拔	1. 在保护下"下""上"仰卧，屈臂、停时间站立 2. 在保护下"下""上"仰卧、直臂、停时间站立 3. "下"仰卧，双手放在体侧地面上，双腿上举，"中"练习向下胸腰 4. 完整动作练习	1. "下"双臂伸直支撑稳定 2. "下"双腿伸直，双臂支撑与"中"在同一条直线上 3. "上"双腿伸直挺拔，站姿挺拔	—

续表

类别	序号	动作	动作做法	保护与帮助	易犯错误	训练方法	规格质量	拓展
动力类	1		1. 准备姿势："下"和"中"相向站立，一人托"上"腹部，一人托"上"胸背到囊和大腿，做腹平衡 2. "下"和"中"同步下蹲，"上"腹部收紧 3. "下"和"中"快速蹬腿发力，"上"积极上抛，双臂紧背，做腹平衡 4. "下"和"中"高接，屈膝缓冲	保护者站在侧面，关注"上"的动作，随时保护	1. "下"和"中"下蹲不足，不用腿部发力 2. "下"和"中"相距位置大远，下蹲上体前倾	1. 从准备姿势开始，"下"和"中"下蹲一站立，发力方向的一致性 2. "上"腹平衡负重停时同练习	1. "下"和"中"发力充分，节奏一致 2. "上"空中姿态准确到位 3. 抛接高度高	"上"仰卧接仰平衡

二、必学与选学动作（7～12岁）

（一）必学动作

7～12岁三人项目专项配合技术训练必学动作有平衡类和动力类两种。见表51。

表51　必学动作

类别	序号	动作	动作做法	保护与帮助	易犯错误	训练方法	规格质量	拓展
平衡类	1		1. "下"仰卧，双腿弯曲于胸前，"上"背对"下"，靠近其臀部站立，双手握住"下"双踝，臀部与脚掌相抵。 2. "中"站在"上"头部后方，双手扶"上"上臂。 3. "上"重心向后移，同时"下"蹬直双腿，"中"帮助其上提。 4. "上"一腿向前伸直，另一腿成90°弯曲	保护者站在侧面，双手扶"上"腰腹部，顺势帮助其到准确位置	1. "下"支撑不稳定 2. "上"坐姿不挺拔 3. 组架过程同伴同节奏不一致	1. "下"仰卧，练习从屈腿到蹬直负重，双腿反复多次，然后停时间 2. "上"浅坐于长条凳上，腰部直立，一腿向前伸直，双臂侧举	1. "下"双腿伸直，支撑稳定 2. "上"直膝，腰部直，绷脚尖，挺胸抬头 3. "中"双臂自然直，站姿稳定	"下"双手离开膝盖，放在体侧地面上
	2		1. "下"和"中"并排站立，做弓步，内侧手分别扶持"上"的膝盖位置，外侧手斜后举 2. "上"双腿站在"下"和"中"大腿前部，双臂侧举	保护者站在侧面，注意"上"双脚站立的稳定性，防止其下滑	1. "下"和"中"弓步前腿弯曲不够 2. "上"站立不垂直	"下"和"中"做弓步练习，上体直立，前腿支撑面尽量水平	1. "下"弓步稳定，前腿支撑面接近水平 2. "上"站立位置垂直，站姿挺拔	—

续表

类别	序号	动作	动作做法	保护与帮助	易犯错误	训练方法	规格质量	拓展
平衡类	3	"上"转体180°	1. "上"面对"下"站立，右小腿置于"下"的左肩，左手与"下"右手相握，"下"右手握住其右小腿 2. "中"站在"上"的左腿右侧，下蹲，左手抓住"上"左小腿 3. "下"和"中"同时下蹲，然后"上"和"中"将"上"后腿蹬地踢向后摆，同时"下"左手握住"上"右肩，"中"左手握住"上"左小腿，"中"右手与"上"右手相握	两位保护者站在"上"的侧面，防止其侧倒	"上"劈叉不在一条直线上，上体没有正对前方	1. "上"前后腿分别架高双臂侧举，停时间 2. 在保护带帮助下练习同步发力，要求节奏一致	"上"劈叉在一条直线上，直膝，上体正对前方，绷脚尖	"上"双臂侧举，"下""中""上"一手扶腿部，另一臂侧举
动力类	1	"上"转体180°	1. 准备姿势："下"和"中"相对站立，一人托"上"腹部，一人托"上"大腿，"上"做俯平衡 2. "下"和"中"同步下蹲，"上"腹部收紧 3. "下"和"中"快速蹬腿发力，双手积极上抛，在最高点时，"上"转体180°，双手向后上方拨动"上"转体，顺势抱手在空中收紧腹背，转体180° 4. "上"打开双臂，屈膝缓冲高接	保护者面对"上"头，站立，关注"上"的下蹲动作，随时保护	1. "下"蹲不足，用腿部发力 2. "下"和"中"站位相距太远，"上"下蹲时上体前倾 3. "上"转体过早，没有高度	1. "下"和"中"从准备姿势开始做下蹲一站立，练习发力的一致性 2. "上"腹平衡负重停时间练习	1. "下""中"发力充分，节奏一致 2. "上"空中姿态准确到位 3. 抛接高度高	"上"仰卧转体180°接俯平衡
	2	"下"抛"中"接	1. "上"和"下"同向前后站立，"下"双手握"上"髋部两侧 2. "上""下"蹲做"直棍式"起跳，顺势向左侧，在最高点时，"上"顺势转体180° 3. "中"站在"下"对面，双手扶持"上"上臂靠近腋窝处，辅助"上"落地缓冲	保护者站在"上"侧面，双手前扶"上"其腹背部	1. "下"和"上"发力配合不一致，"上"腾空高度低 2. "上"身体松散，转体早	1. "上""下"原地垂直跳 2. "上""下"原地垂直跳转体180° 3. "上""中""下"扶持"上"原地垂直跳，"上"落地 4. 完整动作练习	1. "上"和"下"发力一致，腾空高度高 2. "上""中"扶持"直棍式"，身体成"直棍式"，身体完整	"上"转体360°

（二）选学动作

7～12岁三人项目专项配合技术训练选学动作有平衡类和动力类两种。见表52。

表52　选学动作

类别	序号	动作	动作做法	保护与帮助	易犯错误	训练方法	规格质量	拓展
平衡类	1		1. "下"和"中"并排站立，做外侧腿在后后的弓步，形成"双弓步架" 2. "上"同向站在"下"右侧，双手分别撑于"下"和"中"大腿前端，"下"双手交叉扶"上"腰部帮助"上"侧摆腿到倒立位置，"中"双手扶"上"腰部，稳定其重心	保护者面对"双弓步架"站立，帮助"上"到倒立位置	1. "下"和"中"弓步前腿弯曲不够 2. "上"倒立冲肩、塌胸	1. "下"步练习，做弓步直立，上体直立，前腿支撑面尽量水平 2. "上"在扶持下做倒立停时间	1. "下"和"中"弓步稳定，前腿支撑面接近水平 2. "上"倒立成一条直线	"下"、"中"均持一手扶"上"，另一手后举 "上"斜后举
动力类	1		1. 准备姿势："下"和"中"相向站立，一人托"上"腹部，"上"人托"上"胸背剑姿和大腿做腹平衡 2. "下"和"中"同步下蹲，"上"腹部收紧 3. "下""中"快速蹬腿发力，双臂积极上抛，"上"在空中收腹紧背，直臂后接，做腹平衡 4. "下"握住"上"腰窝处，另一手支撑在其大腿处	保护者站在侧面，关注"上"的动作，随时保护	1. "下"和"中"下蹲不足，不用腿部发力 2. "下"和"中"相距位置太远，蹲上体前倾 3. "上"腾空高度低	1. "下"和"中"从准备姿势开始，做下蹲立，练习发力的一致性 2. "上"腹平衡负重停时同练习	1. "下"和"中"发力充分，节奏一致 2. "上"空中姿态准确到位 3. "上"腾空高度高	"上"仰卧接仰平衡

三、必学与选学动作（9～16岁）

（一）必学动作

9～16岁三人项目专项配合技术训练必学动作有平衡类和动力类两种。见表53。

表53　必学动作

类别	序号	动作	动作做法	保护与帮助	易犯错误	训练方法	规格质量	拓展
平衡类	1		1."上"和"下"同向站立，双手普通握，"上"双脚依次站在"下"大腿前部，同时两人双臂伸直，身体前引，双腿伸直。 2."中"站在"下"后方，双手扶"下"肩部，控后腿	保护者站在"上"侧面，双手前后扶其腹背部	1."下"和"上"组架不流畅 2."上"站立过于垂直 3."中"后腿低于90°	1."下"马步静蹲 2."中"控后腿练习	1."下"和"上"形成相互牵拉的平衡 2."上"双膝伸直，髋部完全顶开 3."中"后腿高于90°	"上"单腿站立，另一腿屈膝向前
	2		1."上"仰卧，"下"和"中"分别于"上"的头和脚两端相向站立 2."上"双手与"下"普通握举，屈膝斜举，"中"握住其脚掌 3."中"下蹲，同步发力，"上"髋部支撑站立，同时，成屈臂支撑，成上顶，成"桥"	保护者站在侧面，帮助"上"顶髋	1."下"和"中"发力不一致 2."上"有肩耳角	1."上"仰卧，双手撑于双耳后侧两侧，蹬腿，推手到"桥" 2.在保护带的下做完整动作练习	1.动作成形准确、流畅 2."上"肩胸完全顶开，没有肩角 3."下"和"中"的站姿自然，挺拔	"上"单足桥，一腿垂直上举

续表

类别	序号	动作	动作做法	保护与帮助	易犯错误	训练方法	规格质量	拓展
平衡类	3		1."下"和"中"并排仰卧,右手在上,左手在下,做双手重叠的垂直支撑,"上"站在两人头部后方,双手与其普通握,做分腿支撑	保护者在"上"后方,防止其后倒	1."上"分腿支撑的双腿低于水平面,屈膝、勾脚尖 2."下"和"中"的支撑不垂直	1."上"在倒立架上练习分腿支撑 2.在保护下做完整动作	1."上"分腿支撑的双腿平或高于水平面、直膝,绷脚尖 2."下"和"中"的叠臂支撑稳定	"上"直角支撑
动力类	1		1."下"和"中"并排分腿站立,半蹲,双手重叠置于大腿前部的脚前,成"双膝抛"动作 2."上"双手扶肩部,头部或肩部 3."上""下"蹬腿、蹬腿起跳,同时"下"和"中"蹬腿发力,双手上抛 4.当"上"下落时,"下"和"中"双手掌心向上,握住"上",上臂靠近腋窝处,扶住"上"落地站立	两位保护者分别站在"上"的侧面,防止其摔倒	1."下"和"中"只用上肢发力 2."上"起跳不充分,带直垂直位置,空中姿态不舒展 3."上"腾空高度低	1."下"和"中"在双膝抛位置不动,"上"练习起跳 2.双膝抛,双手不离手棍,不离手 3.完整动作练习	1."上"腾空高度高 2."上"空中姿态舒展	双膝抛向前1/4成腹背平衡
动力类	2	"上"转体360°	1.准备姿势:"下"和"中"一人托"上"腹部,一人托胸背剑突和大腿,做腹背平衡,"上"腹部收紧 2."下"和"中"同步下蹲,"上"腹部收紧 3."下"和"中"快速蹬腿发力,"上"积极上抛,在最高点时,"上"转体,"上"双手抱紧,转体360° 4."上"打开双臂,"下"和"中"高接,屈膝缓冲	保护者面对"上"头部站立,关注"上"的动作,随时保护	1."下"和"中"下蹲不足,用腿部发力 2."下"和"中"相距位置太近,下蹲上体大前倾 3."上"转体过早,没有高度	1."下"和"中"从准备姿势开始,做下蹲立、站立,练习发力的一致性 2."上"腹背平衡负重停时间练习	1."下"和"中"发力充分,节奏一致 2."上"空中姿态准确到位 3.抛接高度高	"上"仰卧转体360°接俯卧

（二）选学动作

9～16岁三人项目专项配合技术训练选学动作有平衡类和动力类两种。见表54。

表54　选学动作

类别	序号	动作	动作做法	保护与帮助	易犯错误	训练方法	规格质量	拓展
平衡类	1		1."上"从侧面上，在"下"双肩站立，"下"双手扶其膝盖窝，站在"中"前面 2."下"蹲马步，"中""上"相握，双脚依次踩上"下"大腿前部，站立 3."中"和"上"双臂侧举 4.双手扶"中"髋部两侧	保护者站在"上"后方，防止其跌落	1."下"马步过高，上体前倾 2."上"和"中"站姿不挺拔，屈膝屈髋	1."中"马步上，停时间 2.扶靠墙高椅"上"站立于"下"肩上，马步静蹲 3.完整动作的组合练习	1."下"上体直立，大腿平面或略高于水平面 2."上"和"中"站姿挺拔	在此动作基础上，"下"双臂平举
	2		1."下""中"并排站立，同向站立于其前面 2."下"和"中"内侧手扶其"上"，外侧手分别与"上"双手相握 3."上"下蹲，蹬腿，同时抬头，身向后仰，成一腿弯曲的仰平衡，和"下""中"顺势将其顶起，侧举	保护者站在"中"和"上"后方，防"上"跌落	1."下"和"中"双臂弯曲 2."上"仰平衡过于后展，或头部和脚没有处于同一水平面	"下"和"中"的单臂负重支撑	1."下"和"中"的支撑稳定，双臂伸直 2."上"仰平衡，头腰腹收紧，头部和脚处于同一水平面	—
动力类	1	"上"向后1/4	1."下""中"相向站立，右手握住自己的右手手腕，然后左右手握住同伴的右手手腕，形成"轿子"坐于"轿子"上 2."上"和"中"同时下蹲，将"上"抛出，然后蹬直腿和上肢协同发力，略向前引，使"上"成仰平衡 3."上"在"轿子"上抛的同时，带臂顶髋，身体和腿成一条直线 4."下"和"中"高接缓冲	保护者面对"上"头部站立，关注"上"的动作，随时保护	1.轿子上抛不充分 2."上"空中姿态松散	1."上"坐"轿子"上，"轿子"下蹲一顶起 2.仰平衡抛起 3.在保护下做完整动作	1."上"腾空高度 2."上"空中成"直棍式"	坐地，"上"转体180°成腹平衡

四、必学与选学动作（11~18岁）

（一）必学动作

11~18岁三人项目专项配合技术训练必学动作有平衡类和动力类两种。见表55。

表55 必学动作

类别	序号	动作	动作做法	保护与帮助	易犯错误	训练方法	规格质量	拓展
平衡类	1		1. "上"和"中"分腿并排站立，"下"右手在上，左手在下，"中"反之，做双手重叠的垂直支撑 2. "上"从侧面或面后面上，站在"下"和"中"两人肩内侧，在其叠臂支撑上做分腿支撑	保护者站在"下"和"中"后方，防止"上"跌落	1. "上"分腿支撑的双腿低于水平面，屈膝、勾脚尖 2. "下""中"的手臂弯曲支撑不垂直	1. "上"在倒立架上练习分腿支撑 2. "下"和"中"做叠臂负重支撑练习 3. 在保护下做完整动作	1. "上"分腿支撑的双腿水平或高于直膝、绷脚尖 2. "下"和"中"的叠臂支撑稳定	"上"叠臂直角做上叠臂支撑
	2		1. "上"面对"下"站立，右腿与"下"右手相握，"中"左手握住其小腿 2. "中"站在"上"的左侧，下蹲，左手抓住"上"小腿 3. "上"和"下"同时"下"蹬地踢后腿，同时"中"站立，后腿置于"上"肩，"中"左肩，右手与"上"右手相握 4. "下"和"中"下蹲—蹬腿—双手顶直，同时松开"上"相握的手，分别支撑"上"前腿小腿，后腿踝关节侧举	两位保护者站在"上"的侧面，防止其倒	"上"劈叉不在一条直线上，上体没有正对前方	1. "上"前后腿分别架高，双臂侧举，停时间 2. 在保护带的帮助下练习同步发力，要求节奏一致	1. "上"劈叉在一条直线上，直膝、绷脚尖，上体正对前方 2. "下"和"中"双臂伸直支撑	—

续表

类别	序号	动作	动作做法	保护与帮助	易犯错误	训练方法	规格质量	拓展
平衡类	3	"上"转体180°	1. "下"反弓支撑 2. "中"臀部坐于"下"髋部，上体向后，双手环抱"下"大腿上，双手环抱"下"大腿后，臀部坐于"下"髋部 3. "中"双腿屈膝，双脚抵在"上"髋部，"上"的双手握住"中"的踝关节 3. "上"重心上移，同时"中"蹬直双腿 4. "上"做腹平衡	保护者站在侧面，双手分别托于"上"髋部和大腿，顺势助力，帮助其保持平衡	1. "下"髋部没有完全顶开 2. "中"双腿屈膝，"上"支撑晃动 3. "上"上体低于水平和腿低于水平面	1. "下"反弓支撑负重停顿时间 2. "上"在地面仰卧，上做腹平衡 3. "中"在"下"的反弓支撑上做双腿负重支撑 4. 完整动作练习	1. "下"髋部完全顶开，大腿和上体在同一水平面 2. "中"双腿支撑稳定 3. "上"上体水平和腿高于水平面	在此动作基础上，"上"双臂侧举
动力类	1	"上"转体180°	1. "下"分腿站立、半蹲，双手重叠置于大腿前部，握住"上"的脚掌，成"膝"抛动作 2. "上"双手扶撑"下"的头部或肩部，"中"站在"上"后方，双手扶其髋部两侧 3. "下"下蹲、带臂，蹬腿起跳，双手上抛，"中"双手帮助"上"转体180°和离手时，"上"顺势抱头 4. 当"上"下落时，"中"扶持"上"双臂侧举，"中"落地站立	保护者站在"上"侧面，防止其摔倒	1. "下"和"中"只用上肢发力 2. "上"起跳不充分，带臂垂直位置不到垂直位置松散 3. "上"腾空高度低	1. "下"在膝抛位置不动，"上"练习起跳 2. 双膝抛直棍不离手 3. 双膝抛直棍 4. 扶持"上"做原地跳转180° 5. 完整动作练习	1. "上"腾空高度高 2. "上"空中直体，姿态舒展，转体棍式转体	双膝抛转体360°

续表

类别	序号	动作	动作做法	保护与帮助	易犯错误	训练方法	规格质量	拓展
动力类	2		1. "下"和"中"相向站立，各自的右手握住同伴的左手手腕，然后左右手握住站在轿子上的"上"，形成"轿子" 2. "下"和"中"同时下蹲，然后后蹬直腿和上肢协同发力，将"上"抛出 3. "上"在"轿子"下沉的同时，下蹲带臂一起跳 4. 当"上"下落时，"下"和"中"双臂侧举，掌心向上，握住"上"上臂靠近腋窝处，高接缓冲	1. "下"和"中"时刻关注"上"的位置，跟随"上"快速移动 2. 保护者站在侧面，当同伴判断不及时或发生错误时，快速上手，防止"上"跌落在地	1. 同伴之间节奏不一致 2. "轿面"不平稳 3. "上"空中姿态不舒展 4. "上"腾空高度低	1. "上"站在"轿子"上，练习下蹲"下"蹲"上"腾一起跳 2. "直立于"轿子"上，"轿子"下蹲腾空顶起 3. 完整动作练习	1. "上"腾空高度高 2. 身体垂直，成一条直线	"桥摆抛"成直棍站轿
	3		1. "下"和"中"并排分腿站立，半蹲，双手重叠置于大腿前部，握住"上"的脚掌 2. "上"双手扶撑"下"和"中"的头部或肩膀 3. "上""中"蹬腿起跳，同时"下""中"蹬腿发力，双手上抛，至即将离手时，双手略向前带，同时"上"双腿向上，背肌用力，成腹平衡姿势 4. "下"和"中"伸臂高接缓冲	1. "下"和"中"移"上"随动 2. 保护者在"下"和"中"的背后站立，面对"上"的背面向前，防止其头部向下	1. "下"和"中"只用上肢发力 2. "上"起跳不充分，空中姿态不舒展 3. "上"腾空高度低	1. "下"和"中"在双膝抛位置不动，"上"练习起跳 2. 双膝抛直棍直臂中手 3. 双膝抛直棍 4. "上"完整动作练习	1. "上"腾空高度高 2. 姿态舒展，"直"棍式	双膝抛向后1/4成仰平衡

（二）选学动作

11～18岁三人项目专项配合技术训练选学动作有平衡类和动力类两种。见表56。

表56 选学动作

类别	序号	动作	动作做法	保护与帮助	易犯错误	训练方法	规格质量	拓展
平衡类	1		1. "上"从侧面上，在"下"双肩站立，"上"双手扶"下"膝盖窝，"中"同向站立"下"前面 2. "下"蹲马步，"中"双手上举与"上"相握，双脚依次踩上"下"大腿前部，站立，上举"下"控后腿，双臂上举与"上"双手扶"中"膝盖	保护者站在"上"后方，防止其跌落	1. "下"马步过高，上体前倾 2. "中"站姿不挺拔，屈膝屈髋 3. "上"控后腿的高度低于90°	1. "中"站在"下"马步上，停时间 2. 扶靠墙高梯，"上"站在"下"肩上，马步静蹲 3. "上"扶把杆控后腿练习 4. 完整动作的组合练习	1. "下"上体直立，大腿平或略高于水平面 2. "中"站姿挺拔 3. "上"后腿控制在90°以上，直膝，绷脚尖	在此基础上，"下"双臂高举
	2		1. "上"跨坐于"中"肩上 2. "下"站在"中"后面，双手握其髋部两侧，"中"双手握"下"手腕，双脚依次踩上"下"大腿前部，站立，"下"双手扶"中"膝盖 3. "中"屈双臂上举，与"上""上"相握，顶直双臂，同时"中"由蹲到站立到"中"肩上，做分腿支撑	两名保护者分别站在两侧，"中"稳定重心，帮助"上"防止跌落	1. "下"马步过高，上体前倾 2. "中"双臂顶有肩角 3. "上"分腿支撑的双腿低于水平面	1. "中"站在"下"马步上，停时间 2. "上"在"中"双臂上做分腿支撑 3. 在保护下做完整动作练习	1. "下"上体直立，大腿略高于水平面 2. "中"站姿挺拔，双臂伸直，双臂有肩角 3. "上"双腿平或高于水平面，直膝，绷脚尖	—

续表

类别	序号	动作	动作做法	保护与帮助	易犯错误	训练方法	规格质量	拓展
动力类	1	360° 540°或720°	1. 准备姿势："下"和"中"相向站立，一人托"上"腹部，一人托"上"胸背剑突和大腿，"上"做腹平衡 2. "下"和"中"同步下蹲，"上"腹部收紧 3. "下"和"中"快速蹬腿发力，双臂积极上抛，在最高点时，双手向后上方拨动"上"。"上"在空中收腹团身，转体，顺势抱手，"下"和"中"转体 4. "上"打开双臂，"下"和"中"高接，屈膝缓冲	保护者面对"上"头部站立，关注"上"的动作，随时保护	1. "下"和"中"腿部下蹲不足，不用腿部发力 2. "下"和"中"相距位置太远，下蹲上体前倾 3. "上"转体过早，转体没有高度	1. "下"和"中"从准备姿势开始，做下蹲、站立，练习发力的一致性 2. "上"腹平衡负重停时同练习	1. "下"和"中"发力充分，节奏一致 2. "上"空中姿态准确到位 3. 抛接高度高	—

第四节 四人项目专项配合技术训练

一、必学与选学动作（5～9岁）

（一）必学动作

5～9岁四人项目专项配合技术训练必学动作有平衡类一种。见表57。

表57　必学动作

类别	序号	动作	动作做法	保护与帮助	易犯错误	训练方法	规格质量	拓展
平衡类	1		1. "下"和"中1"脚尖相对，屈膝坐地，一手撑于臀部后面，顶髋，此侧手臂垂直支撑，另一臂垂直上举，成单臂垂直支撑形支撑 2. "上"和"中1"的双膝站在"下"和"中2"的双膝之上，身体直立，抬头，双臂侧举 3. "中2"双手掌心向上抓在"上"上臂部位，双脚分开与肩同宽	保护者站在"上"的对面"下"帮助"下"固定架子，保证稳定性	1. "下"和"中1"屈髋，松腰，双膝不稳定 2. "上"上架时没有垂直下踏	1. "下"和"中1"先练习双膝跪地，身体背弓，双手撑在脚背上，挺胸，髋关节向前挺开抬头，用力的姿态 2. "下"和"中1"练习标准的单臂拱形支撑 3. "上"找一个高的台阶练习踩站，左右脚都能够瞬间向上发力，双脚站直，站稳在台阶上，同时可以让"中2"站在"上"身后一同练习上架的配合节奏扶持训练	1. "下"和"中1"髋部上顶充分，使上体同一水平面 2. "上"站自然，定	"上"与"下"上举与"下"双手相握，使"下"离手支撑地
	2		1. "下"和"中1"仰卧，双腿并拢垂直于地面，四脚脚跟相抵，双手在"上"和"中2"上架与下架过程中可以抵住膝盖做辅助支撑，在动作完成后双手离开地面 2. "上"臀部坐于"下"脚掌之上，在上架过程中由"中2"双手扶持"下"脚踝处增加稳定性，到站位后，抬头挺胸，双臂侧举，屈膝并拢，绷脚尖 3. "中2"双手掌心向上抓在"上"上臂部位，双脚分开与肩同宽	保护者站在"上"的对面"下"帮助"下"固定架子，稳定性	1. "下"支撑胸背松弛，屈膝 2. "上"坐姿松散，含胸 3. "中2"上架与下架过程双手扶持力度不够，对重心感知掌握不好	1. "下"和"中1"仰卧，直腿脚底放重物，然后在垂直位置停顿时间连续做8次 2. "上"在"下"和"中1"屈膝的位置成坐姿，双臂侧举，保持"中2"扶"上"的重心在架子的垂直线上	1. "下"和"中1"双膝伸直，定 2. "上"姿挺拔，坐定	"上"仰卧于"中2"之上，"中2"单膝跪地，双臂伸直，双手向上抓在"上"上臂部位，双脚分开与肩同宽

续表

类别	序号	动作	动作做法	保护与帮助	易犯错误	训练方法	规格质量	拓展
平衡类	3		1. "下"和"中1"仰卧，双腿并拢，斜上举，支撑于"中1"背部后，在动作成形后，双臂离地上举 2. "中1"蹲马步，重心略向后移，与"下"的双脚形成支撑 3. "中2"在"中1"的对面，单膝跪地，一手斜后上举，一手置于膝盖上 4. "上"肩部置于"中2"膝盖上，双脚置于"中1"膝盖上，成仰卧，双手与"中1"相握，握住"上"的脚踝	1. 保护者站在"中1"的侧面，其帮助稳定重心 2. 关注"上"动作，帮助其纠正动作姿态	1. "下"和"中1"没有形成相互支撑的力量 2. "上"仰卧姿态不直 3. "中2"单膝跪地，屈髋	1. "下"仰卧，背部贴紧地面，直腿起，连续做8次，然后在60°位置停时间 2. "中1"靠墙马步练习，停留时间 3. "上"肩部和脚部架高，仰卧停时间 4. 进行完整动作练习	1. "上"仰卧成"直棍式" 2. "下"和"中1"形成稳定的相互支撑 3. "中2"跪地腿髋部完全顶直，上体挺拔	"上""中2"坐于"中1"膝盖上，一腿垂直上举，另一腿直上举
	4		1. "下"和"中1"并排站立，分别做内侧的单膝跪地，两跪地腿膝之间距离同肩宽，各自扶持"中2"的膝关节部位 2. "中2"站在"下"和"中1"之间，双臂上举 3. "上""中1"双手分别撑于"下"和"中1"的脚掌部位，做分腿支撑	保护者站在侧面，注意"上""中1""下"之间的配合，避免发生碰撞	1. "上"分腿支撑的双腿低于水平面 2. "下"和"中1"髋部没有顶直	1. "上"的分腿支撑技术 2. "下"和"中1"的合适站位	1. "上"分腿支撑或双腿平高于水平面 2. "下""中1"站位准确，髋部顶开，上体挺拔	"中2""下""中1"和前腿的膝盖上，站髋，上臂侧举

（二）选学动作

5～9岁四人项目专项配合技术训练选学动作有平衡类和动力类两种。见表58。

表58　选学动作

类别	序号	动作	动作做法	保护与帮助	易犯错误	训练方法	规格质量	拓展
平衡类	1		1. "下"仰卧，双手置于体侧地面上，双腿斜上举。 2. "中1"蹲马步，上体后倒，掌于"下"双脚上。 3. "上"双手撑于"中1"大腿前部，在"中2"扶持下做双臂倒立。 4. "中2"双手扶持"上"腿部两侧	1. 保护者站在"中1"的侧面，帮助其和"下"做好准确的配合。 2. 关注"上"的倒立撑手，防止其下滑	1. "下"的双脚支撑位置过高。 2. "上"倒立冲肩、塌腰	1. "下"和"中1"做组架配合练习。 2. "中2"扶持"上"在50厘米高的架子上，做双臂倒立。 3. 组合练习	1. "下"和"中1"形成稳定的支撑。 2. "上"倒立成"直棍式"	1. "下"双臂上举。 2. "上"在"中1"单腿上做前后撑手的双臂倒立
动力类	1		1. 准备姿势：相向站立，一人托"上"腹部，一人托"上"胸背剑姿和大腿，"上"做腹平衡，双手扶"上"腋窝。 2. "下"和"中1"同步下蹲，"上"腹部收紧。 3. "下"和"中1"快速蹬腿发力，双臂积极上抛，"上"积极收紧背，做腹平衡。 4. "下"和"中1"高接，"上"在空中收腹紧背，屈膝缓冲。 5. "中2"顺势发力，帮助维持"上"的平衡	保护者站在侧面，关注"上"的动作，随时保护	1. "下"和"中1"腿部下蹲不足，不用腿部发力。 2. "下"和"中1"相距位置太远，下蹲上体前倾	1. "下"和"中1"从准备姿势开始，做下蹲、练习发力的一致性。 2. "上"腹平衡负重停时间练习	1. "下"和"中1"发力充分，节奏一致。 2. "上"空中姿态准确到位。 3. 抛接高度高	"上"仰卧接仰平衡

二、必学与选学动作（7～12岁）

（一）必学动作

7～12岁四人项目专项配合技术训练必学动作有平衡类和动力类两种。见表59。

表59　必学动作

类别	序号	动作	动作做法	保护与帮助	易犯错误	训练方法	规格质量	拓展
平衡类	1		1. "下"仰卧，双腿斜上举支撑于"中1"背部，双臂弯曲 2. "上"分腿站在"下"头部两侧，双手与"中1"普通握，双脚站在"下"双手上 3. "中2"站在"上"后方，双手扶其腰部 4. "下"推直双臂的同时，"中1"向上伸直双臂，"中2"做双臂上提动作	保护者站在"下"侧面，帮助其稳定双臂支撑	1. "下"的双脚与"中1"没有形成稳定的支撑 2. "下"双臂弯曲，塌手腕，支撑不稳定 3. "上"站姿不挺拔	1. "下"仰卧，双臂屈肘负重停时间 2. "上"在"下"屈臂上的站立停时间 3. "中2"站在"上"背后，扶持其腰部，保护者站在"上"对面，练习从屈臂推到高臂站立	1. "下"双臂支撑稳定，手腕固定 2. "上"站姿自然、挺拔	"上"、"中1"均做侧举
	2		1. "下"和"中1"并排站立，双手分别扶持"上"的大腿位置 2. "上"双脚站在"下"和"中1"大腿前部，站立，踢胸倒立 3. "中2"面对"下"和"中1"站立	保护者站在侧面，注意"上"双脚站立的稳定性，防止其下滑	1. "下"和"中1"弓步前腿弯曲不够 2. "中2"倒立冲肩、塌胸 3. "上"和"中1"站立不垂直	1. "下"和"中1"弓步练习，上体直立水平 2. "中2"在扶持下做倒立停时间 3. "上"在"双弓步架"上做整体配合练习 4. 整体配合练习	1. "下"和"中1"弓步稳定，前腿支撑面接近水平 2. "上"站立位置垂直，站姿挺拔 3. "中2"倒立成一条直线	"下"和"中1"单手扶持"上"双腿

续表

类别	序号	动作	动作做法	保护与帮助	易犯错误	训练方法	规格质量	拓展
动力类	1	转体180° 	1. 准备姿势："下"和"中1"相向站立，一人托"上"腹部，一人托"上"胸部剑突和大腿，"上"做腹平衡，"中2"双手扶"上"上臂根部 2. "下"和"中1"同步下蹲，"上"腹部收紧 3. "下"和"中1"快速蹬腿发力，双臂积极上抛，"上"在最高点时，双手向后上方拨动"上"转体180° 4. "上"打开双臂，"下"和"中1"高接 5. "中2"顺势发力，帮助维持"上"的平衡	保护者站在侧面，关注"上"的动作，随时保护	1. "下"和"中1"腿部下蹲不足，不用腿部发力 2. "下"和"中1"相距位置太远，下蹲上体前倾 3. "上"转体过早，没有高度	1. "下"和"中1"从准备姿势开始，做下蹲，练习发力的一致性 2. "上"腹平衡停时间练习	1. "下""中1"和"上"发力充分，节奏一致 2. "上"空中姿态准确到位 3. 抛接高度	"上"转体180°接仰卧俯平衡

（二）选学动作

7～12岁四人项目专项配合技术训练选学动作有平衡类和动力类两种。见表60。

表60　选学动作

类别	序号	动作	动作做法	保护与帮助	易犯错误	训练方法	规格质量	拓展
平衡类	1		1. "下"单臂反弓支撑，"中1"背对"下"头部站立，向后倒，使"下"的另一手支撑于"中1"两肩胛骨中间位置 2. "上"双手支撑"下"大腿前部，在"中2"的髋部扶持下做双臂倒立 3. "中2"双臂伸直，扶持"上"髋部两侧	保护者站在"下"侧面，帮助保持其双膝或单臂的支撑稳定性	1. "中1"身体位置过于垂直，没有与"下"成相互支撑 2. "上"倒立冲肩、塌胸、屈髋 3. "下"没有顶髋	1. "下"从站立，向后倒，成单臂反弓支撑，推手起，到直立，连续反复多次 2. "中2"扶持"上"在50厘米高的凳子上，做双臂倒立 3. "中1"和"下"练习单臂支撑位置的准确性 4. 完整动作练习	1. "下"髋部上顶，上体与大腿在同一水平面 2. "上"倒立成一条直线	
	2		1. "下"仰卧，双腿斜上举支撑于"中1"背部，双手直臂支撑 2. "中1"蹲马步，背靠于"下"，双脚上，扶"中2"倒立的髋部两侧 3. "中2"的双手支撑于"中1"大腿前部成倒立	1. 一名保护者站在"中1"背面，帮助"中2"分腿成倒立，稳定重心 2. 另一名保护者"上"单膝跪于"上"背后，帮助扶持"中1"、"中2"双手腕，双手或托住"上"双腿	1. "上"双臂支撑屈肩晃动大 2. "中2"分腿支撑的双腿低于水平面，勾脚尖 3. "中2"倒立冲肩、塌胸、屈髋	1. "下"仰卧，负重停时间 2. "上"和"下"做仰卧双臂分腿支撑 3. "中2"双手撑于50厘米高的凳子上，在帮助下做侧摆腿成倒立 4. 完整动作练习	1. "上"分腿支撑的双腿平或略高于水平面 2. "中2"的倒立成一条直线 3. 造型稳定，"中"和"中2"的双腿直膝、绷脚尖	

续表

类别	序号	动作	动作做法	保护与帮助	易犯错误	训练方法	规格质量	拓展
动力类	3		1. "下"和"中1"相向站立，各自的右手握住自己的左手手腕，然后左手握住同伴的右手手腕，形成"轿子"，"上"站在"轿子"上，"中2"站在"上"的正对面 2. "下"和"中1"同时下蹲，然后蹬直腿和上肢协调发力，将"上"抛出，在最高点时，"轿面"略向后引，成腹平衡，使"上"成腹平衡 3. "上"在"轿子"下蹲一带臂一起跳，下蹲时，核心部位紧张，挺胸，"轿子"下沉，抬头，双臂侧举 4. "下""中1""上""中2"高成腹平衡	1. "下""中1""中2""上"时刻关注"上"的位置，跟随、快速移动 2. 保护者站在侧面，当同伴判断错误时，或发生不及时，快速上"上"，防止跌落在地	1. 同伴之间节奏不一致 2. "轿面"不平 3. "上"空中姿态不舒展 4. "上"腾空高度低	1. "上"站在"轿子"上，练习下蹲一起跳 2. "上"直立于"轿子"上，"上"腾一顶起 3. "轿抛"腹平衡抛接 4. 腹平衡抛接 5. 完整动作练习	1. "上"腾空高度高 2. "上"平衡在水平面上，身体姿态舒展	"轿抛"转体180°接仰平衡

三、必学与选学动作（9～16岁）

（一）必学动作

9～16岁四人项目专项配合技术训练必学动作有平衡类和动力类两种。见表61。

表61　必学动作

类别	序号	动作	动作做法	保护与帮助	易犯错误	训练方法	规格质量	拓展
平衡类	1		1. "下" 仰卧，双腿屈膝45°左右，双臂垂直支撑 2. "中1" 背对 "下" 站立、后倒，以双肩在 "下" 双手上为宜 3. "中2" 站在 "下" 双膝上，一手斜后上举，另一手与 "中1" 双手相握 4. "上" 在 "中1" 大腿前部做分腿支撑	1. 保护者站在 "下" 侧面，帮助保持其双臂支撑的稳定性 2. 另一名保护者站在 "中2" 后方，帮助其稳定重心	1. "下" 双臂支撑屈臂晃动大 2. "上" 分腿支撑的双腿低于水平面，屈膝、勾脚尖	1. "上" 在倒立支撑上练习分腿支撑组架准确 2. "下" 和 "中1" 3. "下" 仰卧屈膝侧体侧侧地，双手置于体侧面，保护者扶持 "中2" 站在 "下" 膝盖上 4. 完整动作练习	1. "下" 双手和双膝支撑稳固 2. "上" 分腿支撑的双腿在水平面以上 3. "中1" 髋部上顶，上体与大腿成一条直线 4. "中2" 站姿舒展、稳定	"中2" 站后单腿直立，整后腿平衡
	2		1. "下" 和 "中1" 并排站立，做外侧腿在后的弓步 2. "中2" 和 "上" 同向并排站至 "中2" 弓步架前至 "中2" 肩上 3. "中2" 双脚分别和 "下" 和 "中1" 相握，双腿依次踩踏站在 "双弓步架" 的内侧手分别扶住 "中2" 膝盖部位，同时 "下" 和 "中1" 的外侧手斜后举	1. 保护者首先站在 "中2" 和 "上" 侧面，防止 "上" 向后落下 2. 两名保护者分别站在 "双弓步架" 两侧，防止 "上" 从旁边和前面跌落	1. "双弓步架" 的大腿斜面过大，不利于 "中2" 站立 2. "中2" 屈膝含胸站立 3. "中2" "中1" 的上体有接触	1. "上" 跨坐于 "中2" 的肩上，"中2" 反复做 "半蹲一站起" 练习 2. "中2" 练习和 "弓步架" 的组架并停留时间 3. 完整动作练习	1. "双弓步架" 一致，大腿略高于水平面，上体直立 2. "中2" 站姿直、舒展 3. 造型稳定	"中2" 双臂侧平举

续表

类别	序号	动作	动作做法	保护与帮助	易犯错误	训练方法	规格质量	拓展
动力类	3		1. "下"和"中1"并排分腿站立，半蹲，双手重叠置于大腿前部，握住"上"的胸前部。"上"双手扶撑在"下"和"中1"的头部或肩部 2. "上"下蹲、蹬腿、带臂，"下"和"中1"蹬腿发力，同时双手上抛，"上"至即将离手时，双手略向后带，"下""中1"继续向后带臂，"上""中2"伸臂高接缓冲	"下""中1""上""中2"跟随移动	1. "下"和"中1"只用上肢发力 2. "上"起跳不充分，空中姿态不舒展 3. "上"腾空高度低	1. "下"和"中1"的辅助做双膝抛跳练习 2. 双膝抛直棍练习 3. 双膝抛直棍 4. 完整动作练习	1. "上"腾空高度高 2. 空中姿态舒展，身体成"直棍式"	双膝抛向前1/4成腹平衡
动力类	4	 转体180°接换人接	1. "下"和"中1"相向站立，屈臂，"上"腹部，"上"一人托一人托胸前剑突和大腿，"中2"站在"中1"右侧做腹平衡，"上"做腹抛转体180° 2. 当上抛结束时，"中1"迅速抛向左侧移动，同时"中2"伸手迅速补位高接"上"，"下"和"中2"下蹲缓冲	保护者在"上"头部的位置对其站立，防止"上"头部向下	1. "上"腾空转体高度低 2. "上"松散	1. "上"躺在地面的团体练习 2. 腹抛转体180°换人接 3. "下""中1""上""中2"在没有"上"的情况下，练习抛接、换位动作 4. 完整动作练习	1. "上"腾空高度高，转体成"直棍式" 2. "中1"和"中2"换位快速，准确	腹抛转体360°换人接

（二）选学动作

9～16岁四人项目专项配合技术训练选学动作有平衡类和动力类两种。见表62。

表62　选学动作

类别	序号	动作	动作做法	保护与帮助	易犯错误	训练方法	规格质量	拓展
平衡类	1		1. "下"和"中1"相向站立,各自的右手握住自己的左手手腕,然后左右手握住同伴的右手手腕,形成"轿子"。 2. "上"和"中2"分别站在轿子的两侧,"下""中1"下蹲,"上"双手并拢,支撑于轿子上,"中2"扶持"上"髋部两侧,蹬摆腿成倒立成"中2"髋部两侧	"下""中2""中1""上"负责保护"上",保护者在旁提醒	1. "轿面"不平整 2. "上"倒立冲肩、塌胸、屈髋	1. "上"在地面练习双手并拢支撑的双臂倒立 2. "轿面"负重力量练习	"上"倒立成"直棍式"	倒立"轿地"向后1/4站地
	2		1. "下"和"中1"并排站立,做内外侧腿在后的弓步,形成"双弓步步架" 2. "上"站在"下"和"中1"的外侧肩上 3. "中2"站在"双弓步步架"上,双臂弯曲上举,与屈膝半蹲、"上"相握,"下""中1"的内侧手分别扶持"中2"膝盖部位 4. "上"双脚依次站在"中2"肩上,同时"中2"伸直双臂,举起"上",站直双腿,"上"收腹团身,做直角支撑 5. "下"和"中1"外侧手臂侧举	两名保护者站在"双弓步步架"两侧,防止"上"和"中2"在攀爬组架和造型时跌落	1. "双弓步步架"大腿斜面过高,不利于"中2"站立 2. "中2"高双臂支撑有肩角,双臂的手腕松动 3. "上"直角支撑,髋部和双臂有接触借力,双腿在水平面以下	1. "中2"在"双弓步步架"上做站立停时同练习 2. "中2"和"上"直角支撑做高双臂直角支撑练习 3. 完整动作练习	1. "双弓步步架"稳定,"下"和"中1"上体垂直 2. "中2"的双臂垂直肩角 3. "上"直角支撑的双腿水平或略高于水平面	"双弓步步架"高肘水平支撑

续表

类别	序号	动作	动作做法	保护与帮助	易犯错误	训练方法	规格质量	拓展
动力类	3		1. 准备姿势："下"和"中1"相向站立，"上"站在其侧面，"下"和"中1"靠近"上"那一侧的手臂弯曲，另一手与"上"的上臂相握，下蹲，"上"蹬摆腿做双臂倒立，静止后，"中1"站直双腿。2. "下"和"中1"下蹲、抛起，"上"在最高点略向前带，顺势做腹平衡。3. "下""中1""中2"高接缓冲	"下""中1""中2"负责保护"上"，保护者在旁提醒勤提醒	1. "上"倒立不直 2. "上"腾空高度低 3. "上"腹平衡松散不舒展	1. "准备姿势"的下蹲和推起练习 2. 推直棍练习 3. 腹平衡抛接练习 4. 完整动作练习	1. "上"腾空高度高 2. "上"腹平衡在水平面上，身体姿态舒展	倒立抛起向后转体1/4接仰平衡

四、必学与选学动作（11～18岁）

（一）必学动作

11～18岁四人项目专项配合技术训练必学动作有平衡类和动力类两种。见表63。

表63　必学动作

类别	序号	动作	动作做法	保护与帮助	易犯错误	训练方法	规格质量	拓展
平衡类	1		1. "下"和"中1"并排站立，做外侧腿在后的弓步，形成"双弓步架" 2. "上"站在"下"和"中1"的外侧肩上 3. "中2"站在"双弓步架"上，双臂弯曲上举，双手与"上"相握，"下"和"中1"的内侧手分别扶持"中2"的内侧膝盖部位 4. "上"双脚依次站在"中2"肩上，一手撑于其头顶，另一手与"中2"手相握，做肘水平	两名保护者站在"双弓步架"两侧，防止"上"和"中2"在攀爬组型时造型架和跌落	1. "双弓步架"大腿斜面过高，不利于"中2"站立 2. "上"肘水平上体和腿低于水平面	1. "中2"在"双弓步架"上做站立停时间练习 2. "中2"和"上"做头部水平支撑练习 3. 完整动作练习	1. "双弓步架"稳定和"中1"上、体垂直 2. "上"的上体水平和双腿在水平面以上	"上"在"中2"头部单肘水平
	2		1. "中1"在"下"前面，两人同向站立，"下"蹲马步，同时"中1"手扶其髋部上提，双脚依次站在"下"大腿前部 2. "中2"站在"下"前面，"上"从侧面上，站在"中2"肩部 3. "中2"高双臂支撑，"上"扶其手腕，"上"做直角支撑	保护者站在"中2"侧面，时刻注意"上"的动作，避免其向后跌落，做好保护准备	1. "下"马步下蹲不到位，大腿斜面过大 2. "中2"高双臂支撑有肩角，手腕松，手臂晃动 3. "上"直角支撑髋部和双臂有接触借力，双腿在水平面以下	1. "中1"在"下"马步上的站立停时间 2. 在保护者的帮助下，"中2"和"上"、"中2"直角支撑高双臂支撑 3. 完整动作练习	1. "中2"的双臂垂直稳定，没有肩角 2. "上"直角支撑的双腿平或略高于水平面	—

续表

类别	序号	动作	动作做法	保护与帮助	易犯错误	训练方法	规格质量	拓展
动力类	1	转体360°换人接	1. "下"和"中1"相向站立，各自的右手握住自己的左手手腕，然后左手握住同伴的右手手腕，形成"轿子"，"中2"站在"上"的正对面，双手托手"轿子"下方。 2. "下"和"中1"同时下蹲，然后蹬直腿和上肢协同发力，将"上"垂直向上抛，同时做下蹲一带臂一蹬腿起跳动作。 3. "下"、"中1"、"中2"高接缓冲。	保护者站在"上"的后方，防止其从后跌落，其他3个方向的保护由同伴分别负责。	1. "轿面"不平整，"上"起跳发力。 2. "上"和"轿子"动作节奏不一致。 3. "轿子"发力不同步，不用腿部发力。	1. "上"站在"轿子"上，练习"下蹲一起跳"。 2. "上"直立于"轿子"上，"轿子""抛""上"下蹲一顶起。 3. "轿抛"直棍站起。 4. 完整动作练习。	1. "上"腾空高度高。 2. "上"空中成"直棍式"。 3. "下"、"轿子"、"中1"、"中2"接"上"时准确稳定。	"轿抛"直棍转体180°站"轿"。
	2		1. "下"和"中1"相向站立，屈臂"上"腹部，一人托"上"胸骨剑突和大腿，"中2"做"上"右侧。 2. 做腹抛转体360°，当上抛结束时，"中1""中2"迅速向左侧移动，同时"下"迅速补位，"下"和"中2"伸开手臂接"上"下蹲缓冲。	保护者在"上"位置，头部对其站立，面对"上"头部向下，防止"上"头部向下。	1. "上"腾空高度低。 2. "上"转体松散。	1. "上"躺在地面的团体练习。 2. 腹抛转体360°不换人接。 3. "中1""中2"在没有"上"的情况下，换位练习练习。 4. 完整动作练习。	1. "上"腾空高度高，身体成"直棍式"。 2. "中1"和"中2"接换位快速、准确。	腹抛转体720°换人接

（二）选学动作

11～18岁四人项目专项配合技术训练选学动作有平衡类和动力类两种。见表64。

表64　选学动作

类别	序号	动作	动作做法	保护与帮助	易犯错误	训练方法	规格质量	拓展
平衡类	1		1. "下"和"中1"并排站立，内侧腿在后，外侧腿在前，站在"下"和"中1"的外侧腿上，"下"和"中1"的外侧手扶"中2"膝盖窝处，组成"众字架" 2. "上"从前拉上站肩，或"上"从"众字架"后面爬上，站肩 3. "中2"高双臂支撑，做直角支撑	1. 一名保护者站在"众字架"后面，帮助"中2"稳定重心，时刻关注"上"的动作，做好"上"跌落的保护准备 2. 另一名保护者在"众字架"侧前方，注意保护"上"	1. "下"和"中1"站姿不挺拔，松散 2. "中2"高双臂支撑有肩角，双臂晃动，手腕松 3. "上"直角支撑髋部有接触双臂，双腿在水平面以下	1. "下""中1""中2"借助高椅练习"众字架" 2. 练习"众字架"负重停时间 3. "中2"和"上"高双臂直角支撑练习	1. "众字架"重心垂直，稳定 2. "中2"的双臂稳定，没有垂直肩角 3. "上"直角支撑高的双腿平或略高于水平面	一
动力类	1	换人接 	1. "下"和"中1"相向站立，各自的右手握住自己的左手手腕，然后左手握住同伴的右手手腕，形成"轿子"，站在"中1"的右侧 2. 组成"轿子"的两人同时下蹲，然后蹬直腿和上肢协同发力，将"上"垂直抛出，同时"上"做"下蹲—带臂—蹬腿起跳"动作 3. 当上抛结束时，"中1"迅速向左侧移动，同时"中2"迅速向右侧补位，"下"和"中2"伸手高接"上"，下蹲缓冲	保护者站在"上"的后方，防止其从后跌落，其他3个方向的保护由同伴分别负责	1. "轿面"不平，"轿子"整不利于"上"起跳助发力 2. "上"和"轿子"动作节奏不一致 3. "轿子"发力不同步，不用腿腰部发力	1. "上"站在"轿子"上，练习"蹲—起一起跳" 2. "上"直立于"轿子"上，练习下蹲节奏 3. "轿抛"直棍站地 4. "下""中1""中2"在没有"上"的情况下，接换位动作抛，接换位动作练习 5. 完整动作练习	1. "上"腾空高度高 2. "上"空中成"直棍式" 3. "下"和"中2"时准接住"上"确稳定	"轿抛"直棍转体180°换人接

第四章　技巧项目舞蹈训练

第一节　技巧项目舞蹈训练概述

（一）技巧项目舞蹈训练目的

舞蹈训练是技巧项目训练的重要组成部分，通过规范化、系统化、科学化的训练，可以较好地发展练习者的身体柔韧性、灵活性和控制力，从而使练习者达到技巧运动所必须具备的身体姿态和美感（动作达到最大的幅度），以及通过对音乐的理解，用肢体语言来表达自己的思想情感的能力。

（二）技巧项目舞蹈教学训练原则

1. 阶段性原则

教师根据不同年龄阶段青少年儿童的心理、生理特点，选择合适的教学训练内容和方式。

（1）4~6岁：练习内容要着重于认知、模仿和体验，多以娱乐、游戏方式为主，强调练习的趣味性。教师应善用儿童熟知的动作形象，用简单语言和音乐营造情境气氛，启发和引导学生模仿练习，激发和培养学生对舞蹈的兴趣和表演欲望。

（2）7~10岁：这个年龄段是发展儿童柔韧性的敏感时期，要着重加强腿部和躯干的柔韧性训练。舞蹈练习内容逐步从单一、局部的练习过渡到身体各部位协调动作；多以单一练习及简单组合练习方式为主，重点强化学生身体协调能力和美感。在舞蹈训练的同时，教师要适时给予学生音乐基本知识的培养，让学生逐渐了解和认识"节拍""节奏""旋律"等。教师须抓住技术要点，用简练、生动的语言，使学生易于掌握，同时，要通过正面鼓励，树立学生的自信心。

（3）11~15岁：这个年龄段是发展青少年儿童速度力量的敏感时期，要着重加强身体肌肉控制力和爆发力。舞蹈练习内容逐步从低难度舞蹈技术技巧和简单舞蹈组合过渡到高难度技术技巧和复杂舞蹈组合，重点强化身体各方面能力。教师应以启发和引导的方式，让学生自主探索，并用鼓励的态度肯定学生的每一次进步，使学生由自信产生热情和对舞蹈的热爱。

（4）15岁以上：学生着重通过多舞种的舞蹈组合训练，提高身体协调能力，掌握高难度舞蹈动作等。同时，教师通过各种艺术知识的教育，培养学生的审美能力，指导学生学会欣赏美，从而使之能够通过肢体语言诠释音乐和表达思想感情。

2. 系统性原则

舞蹈教学训练应根据舞蹈动作技术结构特征，由浅入深，从易到难，从简到繁，循序渐进，进行科学、长期、系统的训练，从而达到逐步提高学生的舞蹈素养的目的。

3. 艺术性原则

学生通过多种艺术（音乐、戏剧、电影等）理论知识、多舞种文化和表演艺术学习，提高审美意识和艺术修养，使自身内在气质与外在表现高度统一。

第二节 技巧项目舞蹈常用术语

本节将重点对技巧项目舞蹈教学训练中常用的基本手型、手位、脚位、芭蕾舞姿，以及基本方位的术语作简单介绍，以便正确理解舞蹈教法的描述。芭蕾舞常用术语见图45。

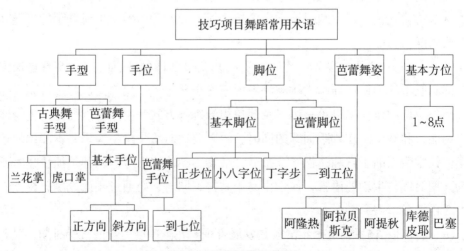

图45 芭蕾舞常用术语

（一）手型

1. 古典舞手型

（1）兰花掌（女）：拇指与中指指节微贴，使虎口自然合拢，以中指为主要用力点，带动其余三指指尖上翘。

（2）虎口掌（男）：虎口撑开，四指自然松弛地并拢，以指尖为主要用力点，指尖微向上翘。

2. 芭蕾舞手型

拇指靠近中指，食指微微上翘，中指、无名指、小指并拢。

（二）手位

1. 基本手位

正方向：前平举、侧平举、上举，多采用兰花掌。

斜方向：斜上举、斜下举、前上举、前下举，多采用兰花掌。

2. 芭蕾舞手位

（1）一位：在基本站立要求的基础上，双手在体前下垂，手臂略成弧形，双臂合成一个圆形，肘关节略用力前顶，手心朝上，双手指尖相距一拳，手掌与身体也相距一拳。

（2）二位：保持一位手的形态，双臂向上端起，手心对着身体横膈膜的高度，使肩到手指有一个向下的坡度，双臂仍保持一位时的弧度，有合抱大树干的感觉。

（3）三位：保持二位手的形态，双臂向额头的前上方抬起，掌心朝向头顶，肘关节略向后用力掰开，双臂仍保持弧形。

（4）四位：一只手臂停留在三位手位置上，另一手臂保持原有形态下降到二位手的位置。

（5）五位：停留在三位手的手臂仍保持不动，下降至二位手的手臂向外向旁打开至正旁稍靠前的位置，其肘关节向上抬起，从肩到手指略有向下的坡度，有水滴从肩部顺流而下的感觉，在打开过程中肘与手要保持在一个水平面上。

（6）六位：在五位手的基础上，已打开到旁的手臂保持不动，另一手臂从三位手的位置下降到二位手（手心对着身体的横膈膜）。

（7）七位：在六位手的基础上，原已打开的手臂保持不动，二位手的手臂向外向旁打开至正旁稍靠前的位置，双臂肘关节向上抬起，有抱住一个大球的感觉。

（三）脚位

1. 基本脚位

（1）正步位：双腿直立并拢，双脚紧靠。脚尖对正前方，身体与头均向正前方，两眼平视前方，双臂自然松弛地垂于身体两侧。重心支撑点在前脚掌上。

（2）小八字位：双脚脚跟并拢，脚尖分开成90°，脚尖分别对左侧、右侧前方。

（3）丁字步：双脚垂直方向接触，其中一脚脚跟靠在另一脚脚窝处，双脚脚尖对两斜角，形如"丁"字，所以叫丁字步。丁字步也是中国古典舞中最基本的脚位。

2. 芭蕾脚位

（1）一位：在基本站姿的基础上，双脚脚跟并拢，脚尖成"一"字形打开，并与肩平行。

（2）二位：在一位脚的基础上，双脚直线向两旁打开，双脚之间相距一只脚掌的长度，重心在双脚中间。

（3）三位：在二位脚的基础上，一脚脚跟与另一脚脚窝靠拢，保持外开的状态，略像古典舞的丁字步。

（4）四位：在三位脚的基础上，双脚前后打开，前脚脚跟与后脚脚尖相对，两只脚的前后距离大约为一只脚掌的长度。

（5）五位：在四位脚的基础上，前脚向后脚靠拢并收紧，脚尖和脚跟对齐，重心在双腿中间。

（四）芭蕾舞姿

1. 阿隆热（Allonge）

阿隆热是"伸长、延伸"的意思，从手臂的基本位置上变化发展而来，在原有手臂基本动作弧状舞姿下经过形态变化，丰富了手臂在舞蹈中的表现力。

（1）二位：在二位手的位置上，由双手小指带着转动到双手手心向下，指尖向前伸直伸长，双臂伸长。

（2）三位：在三位手的位置上，由双手小指带着转动到双手手心向外，指尖向远伸直伸长打开。

（3）四位：在四位手的位置上，由小指带着三位手手心略向外，二位手手心向下，指尖向远伸直伸长打开。

（4）五位：在五位手的位置上，由小指带着转动到三位手手心向外，七位手手心向下，指尖向远伸直伸长打开。

（5）六位：在六位手的位置上，由小指带着转动到二位手手心向下，七位手手心向下，指尖向远伸直、双臂伸长。

（6）七位：在七位手的位置上，由小指带着在一个平面转动到双手手心向下，指尖向远伸直伸长打开。

2. 阿拉贝斯克（Arabesque）

阿拉贝斯克是古典芭蕾基本舞姿之一。以单腿支撑，另一腿往后伸直，双臂形成与此相适应的和谐姿势，构成从指尖到脚尖尽可能长的直线，它的舞姿变化丰富，支撑腿可以在全脚上做，也可以在半脚尖或半蹲上做，动力腿可点地和抬起至25°、45°、90°和90°以上。常用的有四种舞姿形式：第一阿拉贝斯克、第二阿拉贝斯克、第三阿拉贝斯克、第四阿拉贝斯克。

3. 阿提秋（Attitude）

阿提秋原意是"姿势"，它是古典芭蕾基本舞姿之一。以单腿支撑，另一腿往前或往后弯曲抬起，和双臂形成与此相适应的和谐姿势，和阿拉贝斯克一样，它的舞姿变化丰富，支撑腿可以在全脚上做，也可以在半脚尖或半蹲上做，动力腿可以抬起至45°、90°和90°以上。常用的有四种舞姿形式。

4. 库德皮耶（Cou-de-pied）

库德皮耶是一种脚的位置，动力腿的脚尖点在支撑腿的脚踝的前方或后方，俗称"小吸腿"。

5. 巴塞（Passe）

巴塞是一种脚的位置，动力腿的脚尖点在支撑腿的膝关节上，俗称"大吸腿"。

（五）基本方位

技巧比赛场地与舞台相同，裁判员与剧场观众一样，在场地正前方。对场地的方位认识是学习身体基本方位以及舞蹈动作运动方向和线路的基础，要让学生认识训练中经常使用的八个方位。

八个方位为1～8点：成"米"字形排列，每45°一个点，表演者正面位为1点，顺时针方向依次为2～8点。即场地正前为第一方位——"1点"；右前、右旁、右后为第二、三、四方位——"2、3、4点"；场地正后为第五方位——"5点"；左后、左旁、左前为第六、七、八方位——"6、7、8点"。

第三节　技巧项目舞蹈训练方法与教学

技巧项目舞蹈训练内容包括：柔韧训练、芭蕾基础训练、中国舞身体韵律训练和行进间舞步与跳步训练四个基础部分。每一部分都有其训练要求和方法。我们希望通过采用适合不同年龄和舞蹈基础学生的训练方法和教学手段，能够提高学生的舞蹈基本能力以及姿态美感。

（一）柔韧训练

柔韧训练的分类见图46。

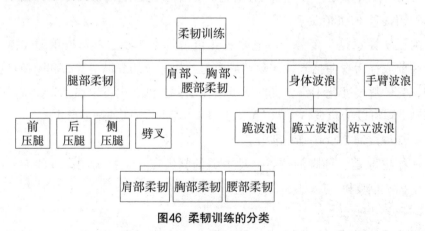

图46　柔韧训练的分类

训练目的：柔韧是舞蹈的基础，也是技巧运动的基本身体素质之一。良好的身体柔韧性能使舞蹈姿态更加优美，舞蹈动作更加舒展。

1. 腿部柔韧训练

（1）前压腿的训练方法与要求。

① 单腿跪姿体前屈：一腿单膝跪地（大腿垂直于地面），另一腿前伸，上体向前贴住另一腿（前腿外开并伸直），需要注意的是，双髋、双肩必须平行。

② 坐位体前屈：从双腿伸直坐于地面，上体直立靠墙，双臂上举紧贴墙壁开始，上体慢慢向前，腹部向大腿靠近，手指向远处延伸，直到上体与手臂完全紧贴双腿（双腿伸直并外开）。

③ 把杆前压腿：面向把杆或把杆8点方向，单腿站立并外开，另一腿伸直并外开放至把杆上，上体直立，双臂上举三位，向前向远，腹部向大腿靠近，直到上体完全紧贴前腿（前腿伸直并外开）。

（2）后压腿的训练方法与要求。

① 弓步压后腿：弓步站立，上体直立，双臂伸直支撑于前腿膝关节。需要注意的是，双髋、双肩必须平行。

② 靠墙压后腿：背对墙壁一腿外开站立，抬起另一腿，膝关节伸直，膝关节或脚背放在墙上，上体尽可能直立，双手支撑在把杆或凳子上，大腿尽可能贴住墙壁。需要注意的是，双髋、双肩必须平行。

③ 单手扶把杆压后腿：内侧腿外开站立，内侧手扶把杆，外侧腿向后抬起放在把杆上且伸直并外开，单膝下蹲，上体直立，保持外侧腿伸直。

（3）侧压腿的训练方法与要求。

① 青蛙趴：上体趴在地面上，双腿向两侧分开，膝关节弯曲成90°，髋部碰到地面。需要注意的是，双腿在一条直线上。

② 压横叉：第一种，面向墙壁，坐在地面，双腿向两侧分开，膝关节伸直，髋部紧贴墙壁。第二种，上体趴在地面上，双腿向两侧分开双腿膝关节伸直，髋部碰到地面。需要注意的是，双腿在一条直线上。

③ 单手扶把杆压侧腿：外侧腿外开站立，内侧手扶把杆，内侧腿抬起放在把杆上且伸直并外开，保持脚背向上，上体直立，手臂三位，向内侧倒上体。

（4）劈叉。

① 半劈叉（纵劈叉）：在弓步位置，前腿外开至地面，同时臀部坐到地面。后腿膝关节伸直，绷脚尖。背部直立，双臂侧平举。需要注意的是，双髋、双肩必须平行。

② 纵劈叉：前后腿膝关节伸直，绷脚尖。前腿外开，上体直立，双臂侧平举。需要注意的是，双髋、双肩必须平行。学生在能按要求做地面劈叉的基

础上，可以逐步抬高前腿和（或）后腿的高度，提高柔韧度训练的难度。

③横劈叉：在青蛙趴的基础上，双腿膝关节伸直，绷脚尖。双腿在一条直线上。上体直立，双臂侧平举。

2. 肩部、胸部、腰部柔韧训练

（1）肩部柔韧的训练方法与要求。

①正压肩：面对把杆站立，双臂肘关节放在把杆上，体前屈压肩（保持上体与地面平行），或者面向墙壁，站在把杆与墙壁之间，肩部在把杆上，另一个人在后面抓住练习者双肘处，轻轻下压。

②侧压肩：侧面对着墙壁，一侧手臂斜后45°方向举起，手扶在墙壁上，身体侧面向墙壁挤压。

③后压肩：背对墙壁或肋木站立，双臂后举，双手扶墙或反握肋木，下蹲或悬垂向下拉肩。

④转肩：双手握棍或绳，做直臂向后和向前转肩，逐步缩短握距。需要注意的是，双臂经上举主动向后开肩到极致，再向后向远转肩。

（2）胸部柔韧的训练方法与要求。

①地面压胸腰：双膝跪地，双臂伸直向前伏地，慢慢向前移动重心，至尾椎向上，抬头，肩、颈、胸完全贴于地面保持20秒，还原成双膝和双手支撑地面，含胸向上拱背保持20秒。

②站立压胸腰：面对墙壁，双手扶墙，屈髋，肩、颈、胸贴住墙面，同时向后抬头，尽力向臀部靠近。手扶墙面的位置逐步向下移动。

③挑胸腰：仰卧地面，由胸椎主动，一节一节挑起到头顶，头要留住，直至坐起。

（3）腰部柔韧的训练方法与要求。

①俯撑卷腰：俯卧地面，手臂撑直，推起上体抬头向后，然后屈膝，头碰脚尖。

②跪下腰：双膝跪立与肩同宽，双臂上举夹住耳朵，手指带动手臂向远向后，顶髋挑胸腰，头找臀部向里卷，眼睛看地板，双手抓住脚踝，向上顶。

③站立下腰：双脚站立与肩同宽，双臂分开与肩同宽，由指尖带动抬起，头微抬，指尖向后，依次引导头、肩、胸、腰、髋，直到双手撑地，胸、腰、髋继续上挑，四肢配合拉伸，也可重心移至双臂，顶胸腰，双腿推直。还原时，重心回到双腿，双脚向下踩地面，同时依次挑髋、腰、胸、肩到头顶，双臂回至上举。

3. 身体波浪的训练方法与要求

在肩部、胸部、腰部柔韧训练的基础上，练习身体波浪，可以使躯干更灵活、协调。

（1）跪波浪。

从双膝跪立，双臂伸直伏地开始，上体从肩、颈、胸、腹、髋依次沿地面抬起，最后推直双臂，上体向后展开并抬头。相同动作向反方向还原。

（2）跪立波浪。

①向前波浪：从双膝跪立，双臂上举三位开始，上体向前，臀部坐到脚跟上，向前上方顶髋，同时上体向后成下后腰，双臂经体侧至三位，再立腰，挑胸腰还原。

②向后波浪：准备位同向前波浪，先向后做跪下腰，然后臀部坐到脚跟上，上体被动向前，腹部贴大腿，最后低头，同时双臂经体侧至三位，含胸起，还原到跪立准备位。

（3）站立波浪。

①向前波浪：从基本站立，脚小八字位，手臂三位开始，上体向前屈髋，然后屈膝下蹲向前上方顶髋，同时上体向后成后下腰，双臂经体侧至三位，最后双脚向下踩地面立腰，挑胸腰还原。

②向后波浪：准备位同向前波浪，先向后做吊腰（站立下腰，重心在双脚，双手不撑地），然后屈膝下蹲屈髋，上体被动向前，腹部贴大腿后含胸低头，同时双臂经两侧至三位，最后双脚向下踩地面立直上体还原。

③向侧波浪：从左脚站立，右脚侧点地，身体稍向右侧屈，双臂左前上举开始，左腿稍屈，经双腿半蹲，向右侧移动重心的同时做膝、髋、腰、胸、颈各关节的依次向右侧上方顶伸动作，成右脚站立，左脚侧点地，上体稍向左侧屈，同时双臂随着重心的移动经下摆至右前上举。

4. 手臂波浪

（1）做法。

手臂波浪是手部、臂部各关节按顺序依次柔和地做屈伸动作，由上臂开始发力，带动肘、腕、指关节依次弯曲下压，接着肘、腕、指关节依次伸直，双臂同时，也可依次练习。可向前或向两侧做手臂波浪练习。

（2）手臂波浪组合。

音乐选用4/4、3/4节拍的，节奏舒缓、连贯。

准备动作：双臂体前斜下举，小八字位站立。

1～2拍，双臂向前波浪至前平举。

3～4拍，双臂向前推波浪。

5～6拍，重复3～4拍动作。

7～8拍，双臂波浪收回至斜下举。

（二）芭蕾基础训练

芭蕾基础训练的分类见图47。

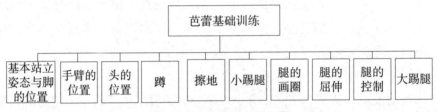

图47　芭蕾基础训练的分类

训练目的：芭蕾基础训练是具有科学性与系统性的一套基本练习，通过练习塑造形体美，如挺拔的腰背、舒展的四肢、良好的气质，同时提高身体的控制、协调和平衡能力。

1. 基本站立姿态与脚的位置

学生从学习舞蹈的第一天起，接触到的第一个动作就是基本站立姿态。在日常生活中，人们的自然站立姿态和舞蹈训练中所要求的站立姿态是完全不同的。教会学生掌握正确的站立姿态，改变人体颈、胸、腰三个部位的自然生理弯曲，不仅可以使其体态及舞姿更优美，还有助于其准确掌握技术动作，是身体稳定性的保证。腿部的外开性训练则是通过站在五个基本位置达到的。

（1）基本站立姿态做法。

双脚站在小八字位上，双臂在身体两侧自然下垂，身体重心置于脚趾、脚掌和脚跟上，并推着地面往下踩。双腿膝盖有力地伸直、夹紧，并向上拉长。臀部、腹部、腰部肌肉向内收紧，脊椎向上尽力拉直、拉长。头部保持正直，下巴微收，眼睛平视前方。

（2）基本站立姿态学习步骤。

①仰卧：收腹，腰部贴近地面。双腿自然外开，脚跟并拢。强调头顶与脚尖向外延伸，拉直脊椎。

②坐姿：收腹，沉肩。强调头部直立，下巴微收，眼睛平视。

③手扶把杆站立：先双手扶把杆后单手扶把杆，强调双腿伸直、夹紧，双脚受力均匀，并向下压住地面。

④离开把杆站立：强调身体核心区的稳定性，有重心。

（3）脚的位置做法。

按照身体基本站立姿态的要求站好，进一步强调脚趾、脚掌、脚心和脚跟全部踩实在地面上，不可向内倒脚。

（4）脚的位置学习步骤。

①双手扶把杆学习正步位、小八字位、丁字位，然后单手扶把杆，最后离开把杆练习。

②双手扶把杆依次学习芭蕾一位、二位、三位、五位，最后学习四位，然后单手扶把杆，最后离开把杆练习。在开始阶段，练习脚的每个位置时，学生是从一个位置直接站到另一个位置，学会擦地后，用擦地来变换脚的位置。着重强调重心均匀地放在双脚上，在踩实地面的基础上尽可能双腿外开，而并不要求必须双腿外开达到双脚完全平行位置。

（5）基本站立姿态与脚的位置组合。

音乐选用4/4、3/4节拍，节奏连贯、圆润。

按动作要求站好基本姿态，1～16拍站在一个脚位，保持不动。逐步改为8拍来练习。

2. 手臂的位置

手臂在舞蹈训练中起着极其重要的作用，它不仅要配合身体其他部位共同完成各种动作，帮助身体保持平衡，更具有构成各种优美舞姿的作用。

（1）做法。

①手的形态：五指自然松弛地互相靠拢，拇指与中指的第二指关节靠近，保持手形线条的同时尽量伸长手指。

②手臂的形态：双臂自然弯曲，肩、上臂、肘、前臂与手形成一条没有棱角的弧线。肩关节松弛地向下压，手腕不可折。

（2）学习步骤。

①离开把杆学习一位、二位、三位和七位。

②单手扶把杆学习一位、二位、三位和七位的手臂位置过渡。

③学习六位、四位和五位的手臂位置以及手位组合训练。

（3）手位训练组合。

音乐选用4/4、3/4节拍，节奏流畅。

①组合1。准备动作：一位站立，按照要求站好基本姿态。

第1个8拍：

1～4拍，空拍。

5～6拍，手臂从一位抬起至二位。

7～8拍，手臂从二位放回至一位。

重复一遍。

②组合2。准备动作：同组合1准备动作。

1～2拍，手臂从一位抬起至二位。

3～4拍，手臂从二位抬起至三位。

5～6拍，手臂从三位放回至二位。

7～8拍，手臂从二位放回至一位。

③组合3。准备动作：同组合1准备动作。

1～2拍，手臂从一位抬起至二位。

3～4拍，手臂从二位抬起至三位。

5～6拍，手臂从三位打开至七位。

7～8拍，手臂从七位放回至一位。

3.头的位置

（1）做法。

①直立：与基本站立姿态的头部位置要求相同。

②扭转：上体保持直立姿态，头向右或向左水平转动，颈部仍然向上拉直，双肩下沉，下巴微向里收，眼睛平视前方。

③倾斜：上体保持直立姿态，头向右或向左倾，双肩下沉，眼睛平视前方。

④上仰：上体保持直立姿态，颈部向上挺直拉起，双肩下沉，下巴向上仰起。眼睛看向斜前上方。

⑤下低：上体保持直立姿态，头向前下低，颈部向上挺直拉起，双肩下沉，下巴微向里收，眼睛看向斜前下方。

（2）学习步骤。

①双手扶把杆学习站立姿态的同时学习头部的直立。

②单手扶把杆学习头部的扭转。

③学习手臂动作的同时，学习头部的上仰、下低和倾斜。

（3）头的位置组合。

音乐选用4/4、3/4节拍，节奏连贯、圆润。

在学习扶把杆站立姿态、手臂位置的同时学习头的位置。双手扶把杆准备时，头部保持直立；单手扶把杆准备时，头部要向侧扭转到45°的方向并稍向后倾斜。学习头的位置，避免出现颈部肌肉的紧张状态，保持自然柔和的颈部线条。在练习的整个过程中，学生须逐步学会并掌握与身体、手臂动作协调配合的动作意识，并形成自觉的、有意识的头部运动习惯。

4. 蹲

（1）做法。

在直立姿态，双脚一位，躯干保持垂直、腿部保持外开的基础上做下蹲。下蹲时，髋部上提并始终与背部保持直立，双膝向两侧对准脚尖，身体重量平均分配在双脚上，脚跟不离地。起立时，双脚用力推地，直至双腿伸直。整个过程背部（脊椎）垂直对着脚跟。

在二位、三位、四位、五位脚的位置下蹲的要求相同。

（2）学习步骤。

①练习开髋腿的屈伸（仰卧）：背部紧贴地面，双腿保持外开屈、伸双膝，双膝紧贴地面。

②双手扶把杆学习一位下蹲，再学习二位、三位、五位的下蹲，最后学习四位下蹲。

③单手扶把杆学习一位下蹲，再学习二位、五位的下蹲，最后学习四位下蹲。

④离开把杆到中间学习一位下蹲，再学习二位、五位的下蹲，最后学习四位下蹲。

注意：五位下蹲学会后，三位下蹲就不再在组合中练习了。

（3）蹲组合。

音乐选用4/4、3/4节拍。

① 组合1。准备动作：双手扶把杆，一位站立。

第1个8拍：

1～4拍，下蹲。

5～8拍，伸膝站起。

第2个8拍：

1～2拍，下蹲。

3～4拍，伸膝站起。

5～8拍，站住。

二位、五位、四位下蹲与一位下蹲动作相同。

② 组合2。准备动作：单手扶把杆，一位站立，手一位。

第1个8拍：

1～4拍，空拍。

5～8拍，手从一位经二位打开到七位，固定在七位。

第2个8拍：

1～2拍，下蹲。

3～4拍，伸膝站起。

5～8拍，重复1～4拍。

第3个8拍：

1～4拍，下蹲。

5～8拍，伸膝站起。

二位、五位、四位下蹲与一位下蹲动作相同。

在做下蹲的时候，手臂可以配合做以下动作：

七位　二位—七位。

七位——一位—二位—三位—七位。

七位—三位—二位——一位—七位。

5. 擦地

（1）做法。

擦地除了训练腿的开、绷、直外，主要锻炼脚踝、脚掌、脚趾的柔韧性、弹性，使腿具有漂亮的线条。

① 向前擦地：一位站立，重心落在主力腿上，另一条腿用脚跟主动带着，经过全脚擦地，半脚掌擦地，脚尖逐渐向前往远擦出，最后绷紧脚尖轻轻点地，脚跟与主力腿的脚跟成直线，收回时用脚尖带着，经过落脚掌、脚跟、全脚着地擦回。

② 向侧擦地：一位站立，重心落在主力腿上，另一条腿经全脚往远擦出，先脚跟擦地，再脚掌擦地，最后绷紧脚尖轻轻点地，收回时经过落脚掌、脚跟、全脚着地擦回。

③ 向后擦地：一位站立，重心落在主力腿上，另一条腿用脚尖主动带着全脚、半脚掌、脚尖逐渐向后往远擦出，最后绷脚尖轻轻点地，脚跟与主力腿脚跟在一条直线上，收回时用脚跟带着，经过落脚掌、脚跟、全脚着地擦回。

（2）学习步骤。

① 练习地面的勾绷脚尖。

② 双手扶把杆按顺序依次学习一位向侧、向前、向后擦地，每个方向单一练习，一位擦地学会后，再学习五位擦地。

③ 单手扶把杆按顺序依次学习一位向侧、向前、向后擦地，每个方向单一练习，一位擦地学会后，再学习五位擦地。

④ 离开把杆进一步练习，一位擦地学会后，再学习五位擦地。

（3）擦地组合。

音乐选用4/4、2/4节拍，节奏中速、平稳。

① 组合1。准备动作：双手扶把杆，一位站立。

第1个8拍：

1～2拍，向侧擦出到前脚掌。

3～4拍，绷脚尖。

5～6拍，落回至前脚掌。

7～8拍，收回。

第2个8拍：

1～2拍，向前擦出到绷脚尖。

3～4拍，停住。

5～6拍，收回。

7~8拍，停住。

向前擦地、向后擦地与向侧擦地动作相同，方向不同。

②组合2。准备动作：单手扶把杆，一位站立。

1~4拍，空拍。

5~8拍，手从一位经二位，打开到七位。

动作与双手扶把杆相同。

6. 小踢腿

（1）做法。

一位站立，动力腿经擦地过程快速向前、向侧或向后踢出去，停止在25°或35°的高度上并且继续延伸；经脚尖点地再经擦地过程收回。主力腿要始终保持稳定，上体直立。

（2）学习步骤。

①在学会擦地的基础上，地面（坐或卧）练习小踢腿至25°至35°。

②双手扶把杆学习一位向侧小踢腿，再学习向前、向后的小踢腿；一位小踢腿学会后，再学习五位小踢腿。

③单手扶把杆学习一位向侧小踢腿，再学习向前、向后的小踢腿；一位小踢腿学会后，再学习五位小踢腿。

④离开把杆学习一位向侧小踢腿，再学习向前、向后的小踢腿；一位小踢腿学会后，再学习五位小踢腿。

（3）小踢腿组合。

音乐选用2/4、3/4、4/4、6/8节拍。

①组合1。准备动作：双手扶把杆，一位站立。

分解做（8拍一次）

1~2拍，向侧擦地。

3~4拍，小踢腿至25°或35°。

5~6拍，脚尖点地。

7~8拍，擦地收回至一位站立。

分解做（4拍一次）

1拍，向侧擦地。

2拍，小踢腿至25°或35°的高度。

3拍，脚尖点地。

4拍，擦地收回至一位站立。

5拍，向侧小踢腿至25°或35°。

6拍，停住。

7拍，脚尖点地。

8拍，擦地收回至一位站立。

连贯做（4拍一次）

1～2拍，向侧小踢腿至25°或35°。

3～4拍，收回至一位站立。

向前小踢腿、向后小踢腿与向侧小踢腿动作相同，方向不同。

②组合2。准备动作：单手扶把杆，一位站立。

第1个8拍：

1～4拍，空拍。

5～8拍，手臂从一位经二位打开至七位。

第2个4拍：

1拍，向侧小踢腿至25°或35°。

Da拍，脚尖点地。

2拍，擦地收回至一位站立。

3拍，向侧小踢腿踢至25°或35°。

4拍，收回至一位站立。

向前小踢腿、向后小踢腿与向侧小踢腿动作相同，方向不同。

7. 腿的画圈

（1）做法。

腿的画圈是髋关节的转动练习，扩大了腿部的活动范围，增强了髋关节的力量和活动自如的能力。一位站立，动力腿向前擦出，画至侧面，再画至后面，经擦地过程收回至一位站立。另一种腿的画圈，动力腿先向后擦出，画至侧面，再画至前面，经擦地过程收回至一位站立。

（2）学习步骤。

①双手扶把杆学习站一位脚由前向后画1/4圈，再学习由后向前画1/4圈，学会后再学习画1/2圈和站在五位脚做。以同样的学习顺序学习腿抬至45°和

90°画圈。

②单手扶把杆学习站一位脚由前向后画1/4圈，再学习由后向前画1/4圈，学会后再学习画1/2圈和站在五位脚做。以同样的学习顺序学习抬腿至45°和90°画圈。

③离开把杆练习。学会后再学习画1/2圈和站在五位脚做。以同样的学习顺序学习抬腿至45°和90°画圈。

（3）腿的画圈组合。

音乐选用4/4或2/4、3/4节拍。

①组合1。画1/4圈分解做（8拍一次）。

准备动作：双手扶把杆，一位站立。

第1个8拍：

1～2拍，向前擦地。

3～4拍，画至侧面。

5～6拍，停住。

7～8拍，收回至一位站立。

第2个8拍：

1～2拍，向侧擦地。

3～4拍，画至后面。

5～6拍，停住。

7～8拍，收回至一位站立。

向前画圈与向后画圈动作相同，方向相反。

②组合2。画1/4圈分解做（4拍一次）。

准备动作：双手扶把杆，一位站立。

1拍，向前擦地。

2拍，画至侧面。

3拍，停住。

4拍，收回至一位站立。

5拍，向侧擦地。

6拍，画至后面。

7拍，停住。

8拍，收回至一位站立。

向前画圈与向后画圈动作相同，方向相反。

③ 组合3。画1/2圈分解做（8拍一次）。

准备动作：双手扶把杆，一位站立。

1～2拍，向前擦地。

3～4拍，画至侧面。

5～6拍，画至后面。

7～8拍，收回至一位站立。

向前画圈与向后画圈动作相同，方向相反。

④ 组合4。用3/4节拍的音乐画1/2圈分解练习（8拍一次，2拍一次）。

准备动作：单手扶把杆，一位站立，一位手。

8拍：

1～4拍，空拍。

5～8拍，手臂从一位经二位打开到七位。

2拍：

1拍，向前擦地。

Da拍，画至侧面。

Da拍，画至后面。

2拍，经收回一位站立，向前擦地。

Da拍，画至侧面。

Da拍，画至后面。

向前画圈与向后画圈动作相同，方向相反。

8. 腿的屈伸

（1）做法。

① 点地屈伸：一位站立，动力腿擦地向侧点地，动力腿收回到库佩位置的同时，主力腿下蹲，接着动力腿与主力腿起立的同时双膝向外打开，向侧或向前、向后伸直腿，点地。

② 45°屈伸：一位站立，动力腿擦地向侧点地或抬至45°，动力腿收回到库佩位置的同时，主力腿下蹲，接着动力腿与主力腿起立的同时双膝向外打开，向侧或向前、向后伸直腿，并抬至45°。

③ 90°屈伸：五位站立，动力腿抬起至库佩位置，同时主力腿下蹲，接着动力腿从库佩开始脚尖向上提经过膝盖处，向侧或向前、向后伸直腿，并抬至90°，同时主力腿推地面伸膝站起。

要求双腿同时弯曲和伸直，主力腿不能蹲死，在动作的整个过程中，双腿保持外开，动作连贯、协调、没有停顿。

（2）学习步骤。

① 地面（坐或躺）练习腿的屈伸的顺序：沿地面抬至45°、90°，先学习向侧腿的屈伸，再学习向前和向后腿的屈伸。

② 双手扶把杆按顺序依次学习点地屈伸、45°屈伸、90°屈伸，先学习向侧腿的屈伸，再学习向前和向后腿的屈伸；先学习一位站立腿的屈伸，再学习五位站立腿的屈伸。

③ 与双手扶把杆腿的屈伸学习顺序相同，单手扶把杆练习。

④ 与单手扶把杆腿的屈伸学习顺序相同，离开把杆练习。

（3）腿的屈伸组合。

音乐选用2/4或4/4节拍。

①分解做（8拍一次）。

准备动作：双手扶把杆，一位站立。

第1个8拍：

1～4拍，空拍。

5～8拍，动力腿向侧擦地。

第2个8拍：

1～2拍，动力腿收至前库德皮耶。

3～4拍，主力腿下蹲。

5～6拍，主力腿伸膝站起。

7～8拍，动力腿伸膝侧点地。

向前腿的屈伸、向后腿的屈伸与向侧腿的屈伸动作相同，方向不同。

②分解做（8拍一次）。

准备动作：单手扶把杆，一位站立。

第1个8拍：

1～4拍，空拍。

5～6拍，手臂从一位至二位。

7～8拍，向侧擦地，手臂同时打开至七位。

第2个8拍：

1～2拍，收至前库德皮耶，同时主力腿下蹲，手臂七位保持。

3～4拍，动力腿伸出侧点地，同时主力腿伸膝站起。

5～6拍，收至前库德皮耶，同时主力腿下蹲，手臂从七位回至一位。

7～8拍，动力腿向侧抬至45°伸直，同时主力腿伸膝站起，手臂经二位打开至七位。

向前腿的屈伸、向后腿的屈伸与向侧腿的屈伸动作相同，方向不同。

9. 腿的控制

（1）做法。

单手扶把杆，五位站立。动力腿至库佩位置，经过巴塞，向侧或向前、向后伸直腿，并抬至90°或以上，直腿向下经点地，收回至五位站立。要求动力腿经巴塞后吸到最高点，再向外伸膝，在90°或以上位置停住并向远处延伸，注意主力腿伸直向下压住地面。

（2）学习步骤。

① 地面（坐或躺）练习腿的屈伸，顺序从抬至45°、90°到抬至90°以上。

② 双手扶把杆学习五位站立向侧和向后腿的控制，单手扶把杆学习向前腿的控制。

③ 单手扶把杆学习五位站立向侧和向后腿的控制。

④ 离开把杆学习向前、向侧、向后腿的控制。

（3）腿的控制组合。

音乐选用4/4、3/4节拍，节奏平稳缓慢。

① 分解做（8拍一次）。

准备动作：双手扶把杆，一位站立。

1拍，向侧擦地。

2拍，慢抬起至45°。

3拍，慢抬起至90°。

4拍，在90°停住。

5拍，慢落至45°。

6拍，慢落至侧点地。

7～8拍，擦地收回至一位站立。

向后腿的控制与向侧腿的控制动作相同，单手扶把杆向前腿的控制与向侧腿的控制动作相同。

②连贯做（8拍一次）。

准备动作：单手扶把杆，一位站立，一位手。

第1个8拍：

1～4拍，空拍。

5～8拍，手臂从一位经二位打开至七位。

第2个8拍：

1～2拍，向侧擦地。

3～4拍，慢抬起经45°至90°停住。

5～6拍，在90°停住。

7～8拍，慢落经点地收回至一位站立。

向后腿的控制、向前腿的控制与向侧腿的控制动作相同，方向不同。

（4）腿的伸展控制（8拍一次）。

准备动作：双手扶把杆，一位站立，一位手。

第1个8拍：

1～4拍，空拍。

5～8拍，手臂从一位经二位打开至七位。

第2个8拍：

1～2拍，推起经前库德皮耶至前巴塞。

3～4拍，向侧伸展至90°或以上。

5～6拍，慢落至点地。

7～8拍，擦地收回至一位站立。

向后腿的伸展控制与向侧腿的伸展控制动作相同，单手扶把杆向前腿的伸展控制与向侧腿的伸展控制动作相同。

（5）腿的伸展控制带手做（8拍一次）。

准备动作：单手扶把杆，五位站立，一位手。

第1个8拍：

1~4拍，空拍。

5~7拍，手臂从一位经二位打开至七位。

8拍，手臂在七位保持，呼吸一次。

第2个8拍：

1拍，动力腿推地经前库德皮耶时手臂收回至一位。

2拍，至前巴塞时手臂到二位。

3~6拍，动力腿伸展并向侧抬至90°或以上时手臂打开至七位。

7~8拍，慢落至点地，脚收至五位站立时，手臂在七位保持，呼吸一次，收回至一位站立。

向后腿的伸展控制、向前腿的伸展控制与向侧腿的伸展控制动作相同，方向不同。

10. 大踢腿

（1）做法。

单手扶把杆，五位站立，动力腿向前、向侧或向后经擦地踢至空中90°或以上的高度，再经过点地、擦地的过程收回至五位站立。注意经过擦地的过程，动力腿要有力量地快速踢到90°或90°以上，落地时应有控制地点地或经过点地回收。大踢腿时腿部动作幅度大，很容易出现用身体带动腿、背部松、身体斜、支撑腿屈膝等错误。也会因为踢腿而影响手臂形态和脸部表情，老师要特别注意并加以纠正。

（2）学习步骤。

① 地面（坐或躺）练习向前、向侧和向后大踢腿。

② 双手扶把杆学习一位站立向侧、向后踢腿，单手扶把杆学习一位站立向前踢腿。学习五位站立大踢腿，注意先练习点地停顿后收回至五位站立；然后练习在点地位置不停留，连贯完成。

③ 单手扶把杆学习一位站立向侧、向后踢腿。学习五位站立大踢腿，注意先练习点地停顿后收回至五位站立；然后练习在点地位置不停留，连贯完成。

④ 离开把杆（原地和行进间）先学习一位站立大踢腿，再学习五位站立大踢腿，注意先练习点地停顿后收回至五位站立，然后练习在点地位置不停留，连贯完成。

（3）大踢腿组合。

音乐选用2/4、3/4节拍。

①分解做（8拍一次）。

准备动作：双手扶把杆，一位站立。

第1个8拍：

1拍，经擦地向侧点地。

2拍，停住。

3拍，向侧大踢腿。

4拍，落回至侧点地。

5拍，停住。

6拍，收回至一位站立。

7～8拍，停住。

第2个8拍：

1拍，经擦地向侧点地。

2拍，向侧大踢腿。

3拍，落回至侧点地。

4拍，收回至一位站立。

5～8拍，重复1～4拍动作。

向后大踢腿与向侧大踢腿动作相同，单手扶把杆向前大踢腿与单手扶把杆向侧大踢腿、单手扶把杆向后大踢腿动作相同。

②连贯做（8拍一次）。

准备动作：双手扶把杆，一位站立。

1拍，经擦地向侧大踢腿。

2拍，脚尖点地。

3～4拍，擦地收回至一位站立。

5拍，经擦地向侧大踢腿。

Da拍，脚尖点地。

6拍，擦地收回至一位站立。

7拍，经擦地向侧大踢腿。

Da拍，脚尖点地。

8拍，擦地收回至一位站立。

向后大踢腿与向侧大踢腿动作相同，单手扶把杆向前大踢腿与单手扶把杆向侧大踢腿、单手扶把杆向后大踢腿动作相同。

（三）中国舞身体韵律训练

训练目的："身"是形（外），"韵"是心（内）。本部分通过身韵的基本动律元素（沉、提，冲、靠，含、腆、仰，移，旁提）训练，强调一切动作"起于心，发于腰，形于体"，也就是说，一切动作应由心中的意念开始，通过腰部和中轴运动而带动躯干的整体运动，使舞蹈动作更有韵律，不僵硬，从而达到身心合一的舞蹈境界。中国舞身体韵律训练的分类见图48。

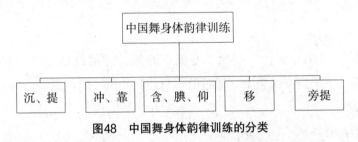

图48　中国舞身体韵律训练的分类

盘坐基本形态：臀部全着地，双腿盘于身前开髋。背部直立，肩胸放松，眼平视。手腕搭在膝上，双肘放松，也可双手背在身后。

1. 沉、提

做法如下。

① 沉：在坐的基本形态上通过呼气使气息下沉，感觉气沉丹田，以沉气之力带动腰椎从自然垂直状一节一节下压而形成胸微含、身微弯状，在此过程中眼皮随沉气而徐徐放松。

② 提：在沉的基础上深吸气，感觉气从丹田提至胸腔，同时尾椎向下顶住地面而带动腰椎由微弯状一节一节直立，感觉头顶向上延伸，同时眼皮也向微松状逐渐张开，注意眼神。

2. 冲、靠

（1）做法。

冲、靠是在沉、提基础上躯干的"斜移"动律。

① 冲：在沉的过程中用肩部外侧和胸大肌向8点或2点水平冲出，肩部与地面保持平行，切忌上身向前倾倒，感觉腰侧肌拉长。头部有两种方向：一种是头部和肩部相反，如肩部向左冲，头部略向右偏，眼和冲的方向一致；另一种在冲的过程中头部向右转成后看状。

② 靠：靠和冲是一对相反的不可分割的动律。在沉的过程中用后肩部及后侧肋带动上身向4点或6点靠出，感觉前肋往里收，背部侧肌拉长。要求肩部与地面保持水平拉开，不是向后躺的感觉。上身如向右靠头部则微向左转，眼平视放神，头部及颈部略向下梗。

（2）提沉冲靠组合。

音乐选用4/4节拍，节奏平稳缓慢。

第1个8拍：

1~4拍，空拍。

5~8拍，坐于地面，双腿盘于身前，开胯。背部自然直立，双肩放松下沉，眼平视。手腕搭在膝盖上，通过吐气身体到"沉"的位置。

第2个8拍：

1~4拍，身体从"沉"到"提"。

5~8拍，身体往2点方向斜移到"冲"。

第3个8拍：

1~4拍，身体回到"提"。

5~8拍，身体从"提"回到"沉"。

第4个8拍：

1~4拍，身体从"沉"到"提"。

5~8拍，身体往6点方向斜移到"靠"。

第5个8拍：

1~4拍，身体回到"提"。

5~8拍，身体从"提"回到"沉"。

第6个8拍：

1~4拍，身体从"沉"到"提"。

5~8拍，身体往8点方向斜移到"冲"。

第7个8拍：

1～4拍，身体回到"提"。

5～8拍，身体从"提"回到"沉"。

第8个8拍：

1～4拍，身体从"沉"到"提"。

5～8拍，身体往4点方向斜移到"靠"

第9个8拍：

1～4拍，身体回到"提"。

5～8拍，身体从"提"回到"沉"。

手臂动作：身体从"提"到"冲"、手臂到按掌位置，身体从"提"到"靠"、手臂到扬掌位置。

3. 含、腆、仰

（1）做法。

含、腆是构成身法具有韵律感所必须有的过程，并形成以胸腔和后肩为推力与缩力的"前后"动律。

①含：过程和沉一样，加强了胸腔的含收，双肩向里，腰椎形成弓形，含胸、拔背、低头。注意与沉、提不同的特点在于含、腆是里合外开的前后运动。

②腆：正好与含是相反运动，它是在提的过程中，双肩向后掰，胸部尽量前探，头部微仰，使肩胸完全舒展开。

③仰：与腆的肩胸用力相同，但是胸部用力方向向上，头部后仰，使肩胸完全舒展。

（2）含腆仰组合

音乐选用4/4节拍，节奏平稳缓慢。

第1个8拍：

1～4拍，空拍。

5～8拍，坐在地面上，双腿盘在身前，开胯。背部自然直立，双肩放松下沉，眼平视。手腕搭在膝盖上，通过吐气身体到"沉"的位置。

第2个8拍：

1～3拍，身体从"沉"到"提"。

4～6拍，身体从"提"到"腆"。

7拍，身体从"腆"回到"提"。

8拍，身体回到"沉"。

第3个8拍：

1~3拍，身体从"沉"到"提"。

4~6拍，身体从"提"到"含"。

7拍，身体从"含"回到"提"。

8拍，身体回到"沉"。

第4个8拍：

1~3拍，身体从"沉"到"提"。

4~6拍，身体从"提"到"仰"。

7拍，身体从"仰"回到"提"。

8拍，身体回到"沉"。

第5个8拍：

1~2拍，身体从"沉"到"提"。

3拍，身体从"提"到"腆"。

4拍，身体回到"提"。

5拍，身体从"提"到"含"。

6拍，身体回到"提"。

7拍，身体从"提"到"仰"。

8拍，身体从"仰"经过"提"回到"沉"。

4. 移

（1）做法。

移是腰部和肩部进行左右水平运动的"横线"动律。要求肩部在腰部的发力下向左或右的正旁移动，它与地面成横线水平运动，先经过提，在沉的过程中，以腰部发力，用肩部带动向旁拉长侧腰肌，要有不断的延伸感，头部与运动方向相反。

（2）沉提移的组合。

音乐选用4/4节拍，节奏平稳缓慢。

第1个8拍：

1~4拍，空拍。

5～8拍，坐在地面上，双腿盘在身前，开胯。背部自然直立，双肩放松下沉，眼平视。手腕搭在膝盖上，通过吐气身体到"沉"的位置。

第2个8拍：

1～4拍，身体从"沉"到"提"。

5～8拍，肩部向右旁移。

第3个8拍：

1～4拍，肩部向左旁移。

5拍，肩部向右旁移。

6拍，肩部向左旁移。

7～8拍，身体从"提"，回到"沉"。

第4个8拍：

1～4拍，身体从"沉"到"提"。

5～8拍，肩部向左旁移。

第5个8拍：

1拍，肩部向右旁移。

2拍，肩部向左旁移。

3拍，肩部向右旁移。

4拍，肩部向左旁移。

5～6拍，肩部经右向左两侧旁移。

7～8拍，身体回到"沉"。

5. 旁提

（1）做法。

旁提是躯干的"弧线"动律，在沉往上提的过程中，身体由下经移往上的上身弧线运动，动作过程中注意以腰带肋，以肋带肩，一节一节往上提。

（2）旁提组合。

音乐选用4/4节拍，节奏平稳缓慢。

第1个8拍：

1～4拍，空拍。

5～8拍，坐在地面上，双膝跪地，臀部坐在脚跟上。背部自然直立，双肩放松下沉，眼平视，通过吐气身体到"沉"的位置。

第2个8拍：

1~4拍，身体左侧旁提，右肩带动手臂向右斜前延伸。

5~8拍，身体回到"沉"。

第3个8拍：

1~4拍，身体右侧旁提，左肩带动手臂向左斜前延伸。

5~8拍，身体回到"沉"。

第4个8拍：

1~4拍，身体左侧旁提，右肩带动双臂向右斜前延伸，双膝跪立，双臂上提至头顶。

5~8拍，身体左侧带动双臂经左斜前回到"沉"的位置。

第5个8拍：

1~4拍，身体右侧旁提，左肩带动双臂向左斜前延伸，双膝跪立，双臂上提至头顶。

5~8拍，身体右侧带动双臂经左斜前回到"沉"的位置。

（四）行进间舞步与跳步训练

训练目的：学生通过舞步、跳步等舞蹈技术技巧训练，可以提高自身能力，以及舞蹈动作难度。行进间舞步与跳步训练的分类见图49。

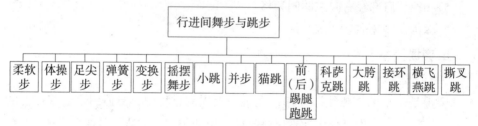

图49 行进间舞步与跳步训练的分类

1. 柔软步

（1）做法。

一腿屈膝、绷脚尖向前伸出，前脚掌落地并迅速过渡到全脚掌，同时身体重心移至前腿，后腿屈膝、绷脚尖向前伸出，双腿交替向前走步，双臂由上臂带动前臂自然摆动。注意双腿外开，走在一条直线上。

（2）学习步骤。

① 地面（坐或仰卧）练习勾绷脚、腿的屈伸和快速撩腿。

② 把杆练习基本站立、腿的屈伸。

③ 离开把杆练习：先做双手叉腰柔软步，再做单一手臂摆动练习，最后练习完整的柔软步。

2. 体操步

（1）做法。

一腿经擦地绷脚尖向前小踢腿，前脚掌落地迅速过渡到全脚掌，同时身体重心移至前腿，后腿经擦地绷脚尖向前小踢腿，双腿交替向前走步，双臂由上臂带动前臂自然摆动。注意双腿外开，走在一条直线上。

（2）学习步骤。

① 地面（坐或仰卧）练习勾绷脚、小踢腿。

② 把杆练习基本站立、腿的擦地和小踢腿。

③ 离开把杆练习：先做双手叉腰体操步，再做单一手臂摆动练习，最后练习完整的体操步。

3. 足尖步（女）

（1）做法。

从五位前脚掌站立开始，一腿绷脚尖向前小踢腿，前脚掌落地，同时身体重心移至前腿，后腿绷脚尖向前小踢腿，双腿交替向前走步，双臂由上臂带动前臂自然摆动。注意双腿外开，走在一条直线上，前脚掌始终站立在同一高度，不可上下颤动。

（2）学习步骤。

① 练习体操步。

② 把杆练习前脚掌站立（基本站立位、一位、二位、三位、四位、五位）。

③ 离开把杆练习：先做双手叉腰足尖步，再做单一手臂摆动练习，最后练习完整的足尖步。

4. 弹簧步

（1）做法。

一腿绷脚尖向前伸出，前脚掌落地并迅速过渡到全脚掌，同时身体重心移至前腿，屈膝下蹲，然后前腿向下踩地面伸膝站起的同时，后腿绷脚尖向前伸出，双腿交替向前走步，双臂由上臂带动肘关节，前臂向前（后）自然摆动（手臂前后小波浪）。要求连贯有弹性。

（2）学习步骤。

①地面（坐或仰卧）练习勾绷脚、腿的屈伸和快速撩腿。

②把杆练习基本站立、蹲、腿的屈伸。

③离开把杆练习：手臂前后波浪。

④离开把杆练习：先做双手叉腰弹簧步，再做单一手臂摆动练习，最后练习完整的弹簧步。

5. 变换步

（1）做法。

从五位站立，双臂侧举开始，左腿经擦地绷脚尖向前小踢腿，前脚掌落地，并迅速过渡到全脚掌，同时重心移至前腿，右（后）腿绷脚尖收回至五位，左腿再次经擦地绷脚向前小踢腿，前脚掌落地，并迅速过渡到全脚掌，同时重心移至前腿，右（后）腿推脚背绷脚尖，点地或举腿，成阿拉贝斯克站立。换右（后）腿经擦地向前重复。手臂可从一位经二位至五位或六位阿隆热或三位阿隆热。

（2）学习步骤。

①离开把杆练习：柔软步。

②离开把杆练习：体操步。

③离开把杆练习：阿拉贝斯克站立。

④离开把杆练习：芭蕾手位。

⑤离开把杆练习：先做双手叉腰练习变换步，再单一练习手臂位置，最后练习完整的变换步。

6. 摇摆舞步

（1）做法。

右脚在前五位站立，手臂一位。右脚向侧擦地绷脚，同时双臂打开至小七位。并移重心至右腿，同时右脚前脚掌落地，迅速过渡到全脚掌蹲，左脚收至后库德皮耶，上体向右倾倒，头转向右边，左腿在后五位位置踩地做半脚尖，右脚在前稍提起离地绷脚背，然后落前五位蹲，左脚同时收至后库德皮耶。

（2）学习步骤。

① 把杆练习蹲、擦地、小踢腿。

② 把杆练习脚的位置：库德皮耶。

③ 离开把杆练习：先双手背部练习摇摆舞步，再单一练习手臂动作，最后练习完整的摇摆舞步。

（3）摇摆舞步组合。

音乐选用3/4节拍。

准备动作：右脚在前五位站立，手臂一位。

8拍，五位半蹲。

Da拍，右脚向侧绷脚擦出，同时双臂打开至小七位。

左脚推地，重心右倒，右脚落地成半蹲，左脚同时收至后库德皮耶，上身向右倾斜，头看右边。

Da拍，左脚在后五位位置踩下去半脚尖，右脚在前稍提起离地绷脚。

Da拍，右脚落前五位成半蹲，左脚同时成后库德皮耶，右脚保持半蹲，左脚落经五位马上向侧绷脚擦出。反方向重做。

7. 小跳（一位、二位、五位）

（1）做法。

双脚站一位，手一位。一位蹲，双脚推地起跳至空中，在空中绷脚保持一位不变，之后双脚同时落地在一位蹲，伸直双腿。二位的动作做法同一位。五位在跳起至空中时，双脚要同时向内收，感觉前后夹紧在一个脚的位置。注意空中上体保持直立，不塌腰腆肚，肩颈以及手臂自然松弛。

（2）学习步骤。

① 把杆练习蹲、擦地、小踢腿。

② 把杆练习一位、二位、五位半脚尖站立，蹲起至半脚尖站立。

③ 把杆上练习小跳。

④ 中间练习小跳。

（3）小跳组合。

音乐选用2/4节拍。

分解做（8拍一次）

准备动作：双手扶把杆，一位站立。

第1个8拍：

1～2拍，一位半蹲。

Da拍，跳起。

3～4拍，落至一位半蹲。

5～8拍，伸膝站起。

第2个8拍：

1～2拍，一位半蹲。

Da拍，跳起。

3拍，落至一位半蹲。

4拍，伸膝站起。

5拍，一位半蹲。

Da拍，跳起。

6拍，落至一位半蹲。

7～8拍，伸膝站起。

二位小跳、四位小跳、五位小跳与一位小跳动作相同。

8. 并步（追赶步）

（1）做法。

右腿在前，五位站立，手臂一位。五位下蹲，双腿推地起跳，同时手臂至二位，左脚落地下蹲，右腿直腿向前伸，往远滑步，重心移动迈步前大四位推地跳起，左腿从下蹲推地跳起，空中和右腿迅速并拢至空中五位，手臂从二位打开至七位，同时往前移动，接做下一个。可以连续做。注意双髋、双肩必须平行，左右腿都要练习。

（2）学习步骤。

①离开把杆练习：变换步。

②小跳（四位、五位）。

③离开把杆练习：先双手叉腰练习并步，再单一练习手臂位置变化，最后练习完整的并步。

9. 猫跳

（1）做法。

左脚在前，五位站立，手臂一位。五位下蹲，右脚从下蹲吸腿到巴塞，同时左脚推地跳起，起跳中吸腿到巴塞，同时双手抬起成二位，空中稍停顿，落地左脚稍晚于右脚成左脚在前的五位下蹲，推地站立至五位站立。

（2）学习步骤。

① 把杆练习脚的位置：库德皮耶、巴塞。

② 小跳（五位）。

③ 先把杆练习猫跳，再做中间练习，最后加上手臂动作做完整练习。

（3）猫跳组合。

音乐选用4/4、3/4节拍（8拍一次，4拍一次）。

准备动作：左脚在前，五位站立，手臂一位。

第1个8拍：

1～4拍：空拍。

5～8拍，保持准备动作姿势，手向侧稍打开至小七位。

第2个4拍：

1拍，五位半蹲，双脚推地。

Da～2拍，右脚从后五位外开绷脚吸起库德皮耶跳起，同时双手二位，左脚也外开绷脚尖吸起库德皮耶跳起，左脚在前的五位半蹲，同时手臂是右手在前的六位。

3拍，落地半蹲。

4拍，伸膝站起。

10. 前（后）踢腿跑跳

（1）做法。

① 向前：双腿向前依次经直腿擦地至小踢腿跑跳步，手臂从一位经二位至三位，然后向两侧打开经七位回到一位。注意落地用前脚掌，离地迅速绷脚尖。

② 向后：双腿向后屈膝依次踢脚尖至脚跟碰臀部跑跳步，手臂动作与向前动作相同。注意落地用前脚掌，离地迅速绷脚尖。

（2）学习步骤。

① 把杆练习擦地，小踢腿。

② 离开把杆练习：先做双手叉腰练习，再做单一练习手臂动作，最后练习完整的前（后）踢腿跑跳。

11. 科萨克跳

（1）做法。

向前上步单腿屈膝蹬地起跳—腾起的同时收腹，双腿向前踢，成体前屈，一腿直膝，另一起跳腿屈膝—起跳腿先落地屈膝缓冲，直膝腿回落至双腿站立。

（2）学习步骤。

① 把杆练习擦地、小踢腿、大踢腿、腿的控制。

② 坐位体前屈。

③ 上步单腿纵跳（直体跳）。

④ 单手扶把杆练习科萨克跳。

⑤ 离开把杆练习：科萨克跳。

12. 大跨跳

（1）做法。

并步—向前上步屈膝蹬地起跳—腾起的同时双腿伸直分别向前、向后上踢，空中双腿前后分腿达到180°或以上—前腿先落地屈膝缓冲，后腿直膝回落。

（2）学习步骤。

① 把杆练习擦地、小踢腿、大踢腿。

② 练习并步。

③ 学习原地科萨克跳，并步接科萨克跳（起跳腿伸直）。

④ 单手扶把杆练习原地大跨跳。

⑤ 离开把杆练习：并步接大跨跳。

13. 接环跳

（1）做法。

上步双腿屈膝蹬地起跳—腾起的同时双腿分别向前、向后上踢，空中双腿前后分腿达到180°或以上，同时打开肩胸并抬头向后，双臂上举至三位，后腿可屈膝（脚踝高于头部）—前腿先落地屈膝缓冲，后腿直膝回落。

（2）学习步骤。

① 把杆练习擦地、小踢腿、大踢腿、后接环踢腿。

② 双腿纵跳（直体跳）。

③ 单手扶把杆练习原地前后分腿跳，然后离开把杆练习。

④ 单手扶把杆练习接环跳。

⑤ 离开把杆练习：接环跳。

14. 横飞燕跳（原地屈体分腿跳）

（1）做法。

双腿屈膝蹬地起跳—腾起的同时双腿向两侧（耳朵）方向上踢，高于水平面，至分腿体前屈—双腿向内收，快速并腿同时上体向上直立—双脚同时落地，屈膝缓冲。

（2）学习步骤。

① 把杆练习擦地、小踢腿、大踢腿。

② 双腿纵跳（直体跳）。

③ 地面分腿体前屈。

④ 向高处起跳成分腿坐，逐步抬高高度。

⑤ 从高处起跳横飞燕，落到地面，逐步降低高度。

⑥ 双人（一人在后，手扶动作者的髋部助力）横飞燕跳。

⑦ 独立完成横飞燕跳。

15. 撕叉跳

（1）做法。

并步—向前上步屈膝蹬地起跳—腾起的同时一腿直膝向前摆动至45°或以上—摆动腿向后摆动的同时起跳腿直膝向前踢，空中双腿前后分腿达到180°或以上—前腿先落地屈膝缓冲，后腿直膝回落。

（2）学习步骤。

① 把杆练习擦地、小踢腿、大踢腿（前后踢摆）。

② 练习原地科萨克跳，并步接科萨克跳（起跳腿伸直）。

③ 单手扶把杆练习原地踢摆腿跳。

④ 离开把杆练习：撕叉跳。

参考文献

［1］体育院、系教材编审委员会《体操》编写组. 体育系通用教材　体操[M]. 北京：人民体育出版社，1979.

［2］国家体育总局青少年体育司，国家体育总局体操运动管理中心. 中国青少年体操训练教学大纲：男子[M]. 北京：北京体育大学出版社，2015.

［3］国家体育总局青少年体育司，国家体育总局体操运动管理中心. 中国青少年体操训练教学大纲：女子[M]. 北京：北京体育大学出版社，2015.

［4］谭成清，李艳翎. 体能训练[M]. 长沙：湖南师范大学出版社，2012.

［5］赵晓虎，张勇. 核心肌肉群剖析及核心力量练习方法综述[J]. 哈尔滨体育学院学报，2011，29（3）：115-118.

［6］孙文新. 现代体能训练：弹力带训练方法[M]. 北京：北京体育大学出版社，2010.